KB117912

하고 싶은 일
하면서 살면
왜 안돼요?

하고 싶은 일
하면서 살면
왜 안돼요?

남들처럼 산다고
성공하는 것도 아닌데

정제희 지음

21세기북스

꿈업일치,
왜 안 되겠어요!

디즈니 애니메이션 〈알라딘〉에는 어두운 피부에 바지를 입은 공주님이 등장한다. 바로 자스민 공주다. 그녀는 예쁜 드레스를 입고 곱게 치장한 다른 공주들과 달리 통이 넓은 바지를 입고 호랑이를 애완동물로 기른다. 다른 공주들처럼 마냥 왕자를 기다리지 않고 알라딘과 함께 모험을 강행하는 여성 캐릭터다. 그런 자스민은 내 눈에 주인공인 알라딘보다 훨씬 용감해 보였다.

  하지만 디즈니 캐릭터 숍에 가면 자스민 공주는 언제나 인기가 별로 없었다. "얼굴도 까맣고 바지를 입었잖아. 예쁘지도 않아!" 그럴 때면 다른 친구들이 눈치채지 못한 그녀의 진짜 아름다움을 나만 알고 있는 것 같아 괜스레 으쓱해졌다. 초등학생이던 이 시절의 나는 남들과 다른 선택을 하는 것이 전혀 두렵지 않았다. 오히려 남들이 모르는 매력을 나만 찾아냈다는 생각에

뿌듯하기까지 했다.

하지만 고등학교에 진학하며 진로를 선택해야하는 시기가 오면서 남들과 다른 선택을 한다는 것이 얼마나 두려운 일인지 깨달았다. 디즈니 속 좋아하는 캐릭터를 고르는 일과 진로를 선택하는 일은 완전히 달랐기 때문이다.

대한민국의 평범한 80~90년대생들은 대부분 열아홉 살이 되기 전 입시를 준비하고 진로를 정했을 것이다. 진로를 정하는 기준 역시 비슷하다. 입시 점수가 높은 대학, 취업이 잘 된다는 학과에 들어가 좋은 직장에 입사하기 위해 애쓴다.

이런 분위기에서 10~20대 학생이 '튀는' 선택을 하기란 쉽지 않다. 모두가 정답이라고 하는 길을 혼자서 거스르기에는 큰 용기가 필요하기 때문이다. 내가 진로를 결정할 무렵 '이란어과'를 선택할 때도 주위의 모든 사람이 말렸다. 지금도 그렇지만 그때에는 더욱 이란어가 낯설었던 까닭이다. 대부분의 사람에게 이란어과는 애초 진로 선택지에 존재할 수 없는 학과였다.

꿈이라고 해서 포기할 필요가 있을까? 모든 일에는 시작이 있다. 지금 우리에게 익숙한 직업들도 처음 생길 때는 낯설고 생소한 일이었다. 10년 전만 해도 초등학생 장래희망 1위가 유튜버일 것이라고 누가 상상이나 했을까.

오히려 처음 시작하는 사람에게는 나름의 특권이 있다. 시장의 규칙이 없으니 내가 걷는 대로 길이 생긴다는 것이다. 아무도 하는 사람이 없다는 것은 반대로 '나만이 할 수 있는 일'이라는 말도 된다.

얼마 전 인상 깊은 메일을 받았다. 그 역시 제3외국어 전공자였는데, 대학교 강연에서 나를 보고 희망을 가졌다고 했다. 기어코 꿈을 직업으로 만든 나를 롤모델로 삼아 자신의 꿈을 키워나가겠다고 했다. 그 메일을 읽고 오히려 내가 벅찬 위로를 받았다. 나는 다른 사람이 생각하는 것처럼 대단한 사람이 아니라는 걸 스스로가 잘 알고 있기 때문이다. 내가 남들과 조금 다른 점이 있다면 하고 싶은 일을 포기하지 않고 내 방식대로 해왔다는 뿌듯하기까지 했다.

하지만 고등학교에 진학하며 진로를 선택해야하는 시기가 오면서 남들과 다른 선택을 한다는 것이 얼마나 두려운 일인지 깨달았다. 디즈니 속 좋아하는 캐릭터를 고르는 일과 진로를 선택하는 일은 완전히 달랐기 때문이다.

대한민국의 평범한 80~90년대생들은 대부분 열아홉 살이 되기 전 입시를 준비하고 진로를 정했을 것이다. 진로를 정하는 기준 역시 비슷하다. 입시 점수가 높은 대학, 취업이 잘 된다는 학과에 들어가 좋은 직장에 입사하기 위해 애쓴다.

이런 분위기에서 10~20대 학생이 '튀는' 선택을 하기란 쉽지 않다. 모두가 정답이라고 하는 길을 혼자서 거스르기에는 큰 용기가 필요하기 때문이다. 내가 진로를 결정할 무렵 '이란어과'를 선택할 때도 주위의 모든 사람이 말렸다. 지금도 그렇지만 그때에는 더욱 이란어가 낯설었던 까닭이다. 대부분의 사람에게 이란어과는 애초 진로 선택지에 존재할 수 없는 학과였다.

우리나라에 하나뿐이라는 이란어과에 진학해서도 마찬가지였다. 같은 과 동기들 중 이란어를 좋아하고 배우고 싶어서 들어온 사람은 별로 없었다. 많은 친구들이 대기업 취업이라는 목표를 가지고 있었고, 이를 위해 전과나 이중 전공 등 구체적인 계획을 세우고 있었다. 이란어로는 먹고살 수 없다는 상식이 팽배했기 때문이다.

그 누구도 아닌 나의 정답

지금도 이런 걱정은 여전하다. 학생들을 대상으로 강의할 때 가장 많이 받는 질문이 바로 이것이다.

"우리나라에서 이란어 하나 가지고 먹고살 수 있어요?"

하고 싶은 일에 선뜻 도전하지 못하는 사람들의 실제적인 고민이 바로 이것일 것이다. 특히 남들이 많이 하지 않는 생소한 분야에 관심이 있을 때, 그 분야의 롤모델이 없을 때면 미래를 상상할 수 없어 더욱 불안하다. 나 역시 그랬다. 이란어를 더 깊이 익히고 그것을 직업으로 삼고 싶다는 꿈을 가졌지만 바라보며 꿈을 키울 롤모델이 없었다.

우리 사회에서는 꿈만으로 먹고살 수 없다고 말한다. 꿈과 현실은 다르다며, 현실적인 직업을 찾으라고 조언한다. 당연히 현실은 무시할 수 없다. 하지만 꿈을 현실적인 직업으로 만드는 일 또한 가능하다.

지금 나는 우리나라에 유일한 이란어 전문 회사 '이란아토즈'의 대표다. 사람들이 '이란어 통역사'라고 하면 가장 먼저 떠올리는 사람이 됐고, 매주 학원에서 이란어 강의를 한다. 많은 사람이 어려울 것이라 생각했던 '이란어로 먹고사는 일'을 하고 있는 것이다. 내가 걸어가고 있는 길은 바로 나의 꿈을 현실로 만들기 위해 나아가는 길이다.

수많은 직업이 생기고 사라지는 요즘 시대에 생소하고 낯선 꿈이라고 해서 포기할 필요가 있을까? 모든 일에는 시작이 있다. 지금 우리에게 익숙한 직업들도 처음 생길 때는 낯설고 생소한 일이었다. 10년 전만 해도 초등학생 장래희망 1위가 유튜버일 것이라고 누가 상상이나 했을까.

오히려 처음 시작하는 사람에게는 나름의 특권이 있다. 시장의 규칙이 없으니 내가 걷는 대로 길이 생긴다는 것이다. 아무도 하는 사람이 없다는 것은 반대로 '나만이 할 수 있는 일'이라는 말도 된다.

얼마 전 인상 깊은 메일을 받았다. 그 역시 제3외국어 전공자였는데, 대학교 강연에서 나를 보고 희망을 가졌다고 했다. 기어코 꿈을 직업으로 만든 나를 롤모델로 삼아 자신의 꿈을 키워나가겠다고 했다. 그 메일을 읽고 오히려 내가 벅찬 위로를 받았다. 나는 다른 사람이 생각하는 것처럼 대단한 사람이 아니라는 걸 스스로가 잘 알고 있기 때문이다. 내가 남들과 조금 다른 점이 있다면 하고 싶은 일을 포기하지 않고 내 방식대로 해왔다는 것밖에 없다.

명심할 것은 모든 선택의 기준이 언제나 '나 자신'이어야 한다는 것이다. 세상의 답을 좇느라 자신을 소모하지 말자. 얼마든지 하고 싶은 일 하면서 살 수 있다! 그 누구도 아닌 자신의 답을 찾는 개척자가 돼보자.

이 책에는 하고 싶은 일을 선택해 어설프더라도 스스로 길을 만들어가고 있는 나의 이야기를 담았다. 나의 개인적인 경험이지만, 동시에 꿈과 현실 앞에서 고민하는 모든 사람들의 이야기이기도 하다. 나의 이야기를 듣고 한 사람이라도 하고 싶은 일 하면서 살아도 된다고, 꿈꾸는 대로 살아보겠다고 생각한다면 이 책은 의미가 있을 것이다.

정제희

차 례

프롤로그 꿈업일치, 왜 안 되겠어요! ——— 4

Stage 1 네가 진짜로 원하는 게 뭐야?

열아홉에 결정하는 인생 ——— 15
꿈에 등수를 매기는 사회 ——— 24
원하는 대로 사는 데는 용기가 필요하다 ——— 34
여전히 더 나은 선택의 여지가 있다 ——— 42
남들 다 하는 게 정답은 아니다 ——— 51
막다른 골목에서 샛길 찾기 ——— 60

Stage 2 일단 선택했으면 앞만 보고 걷자

옳은 길을 가고 있는지 의문이 들 때 ——— 71
하나씩 성취 경험을 만들어라 ——— 79
관행에 맞선다는 것 ——— 88
기회를 선택하는 용기 ——— 94
절대 안 되는 일은 없다 ——— 101

Stage 3 일생일대의 순간, 첫 번째 할 일

마음가짐이 변화의 시작이다 —— 111

인생에 한 번, 운명을 바꾼 순간 —— 117

나만의 무기를 갈고닦는 것 —— 125

바람에 흔들리지 않는 중심 잡기 —— 132

결정했다면 가장 먼저 시작하라 —— 138

Stage 4 잃을 게 없어도 실패는 두렵다

제로베이스에서 출발하기 —— 147

인생은 대안 찾기의 연속이다 —— 154

임기응변의 힘 —— 160

가장 아래층 벽돌 쌓기 —— 166

처음은 누구나 서툴지만 —— 172

Stage 5 하고 싶은 일 VS. 잘할 수 있는 일

누구나 자기만의 속도가 있다 —— 183

나는 무엇을 할 것인가 —— 190

당신의 재능과 나의 재능 —— 196

불안정 속에서 안정 찾기 —— 202

묵묵히 견딤의 가치 —— 210

하고 싶은 일을 하는 용기 —— 217

네가 진짜로
원하는 게 뭐야?

열아홉에
결정하는 인생

무언가 특별한 일,
나밖에 할 수 없는 일을 하고 싶었다.

호기심이 탄생한 순간

"이란어과에 가고 싶어요."

이렇게 말하면 많은 사람이 되물었다. "점수가 모자라서 가는 게 아니라, 이란어과에 가는 게 네 목표라고?" 하며 의아해했다.

대한민국에서 수험생이 진학할 대학교를 고르는 기준은 다양하겠지만, 요즘 가장 중요한 기준은 장래 취업이 얼마나 수월한

가다. 외국어 전공이라면 영어와 중국어가 가장 인기가 많고, 이란어과는 낯설게 생각하는 사람이 많았다. 학과로 개설된 대학은 우리나라에 단 한 곳이었고, 경쟁률도 높은 편이 아니었다. 졸업 후 진로도 확실하지 않았다. 내가 진지하게 이란어과가 희망 진학 학과 1순위라고 이야기했을 때 부모님과 선생님은 물론 친구들까지 나를 말렸다.

대부분의 학부모가 그렇듯이 우리 부모님도 내가 집에서 가까운 부산의 국립대에 진학해서 교사가 되기를 원했다. 담임 선생님은 외국어를 전공으로 삼더라도 좀 더 취업이 잘되는 인기 학과에 진학하라고 권했다. 하지만 내 마음은 확고했다. 오랜 고민 끝에 내린 결정이었기 때문이다. 분위기에 휩쓸려서 남들과 똑같은 꿈을 꾸기 싫었다.

나는 어릴 때부터 이란어가 좋았다. 어릴 적 아버지는 외항선을 탔다. 나는 아버지가 오랜 항해를 마치고 집에 오는 날만을 손꼽아 기다리곤 했다. 아버지에 대한 그리움과 사랑이 첫 번째 이유였고, 두 번째 이유는 아버지가 두 손 가득 갖고 오는 선물 때문이었다. 1990년대 초반에는 지금과 달리 자유로운 해외여행이 힘들었다. 외국 물건을 구하기도 쉽지 않은 시기였다. 그런 시절에 전 세계를 누비던 아버지는 나를 위한 선물을 잔뜩 챙겨왔다. 색연필, 초콜릿, 과자, 장난감, 책, 시계 등 아버지가 정박

한 나라에서 골라온 모든 것이 마음에 쏙 들었다. 그런데 무엇보다 내 마음을 사로잡았던 것이 있다. 그것은 바로 포장지나 상자에 적혀 있던 다채로운 외국어였다.

처음 아랍어(이란어는 아랍어 문자를 차용해 표기한다)를 봤을 때를 잊을 수가 없다. 아버지가 가져온 초콜릿 박스 뒤편에 아랍어가 빼곡히 쓰여 있던 것이다. 그때는 그게 아랍어인 줄도 몰랐다. '아니 이게 대체 그림이야 글자야?' 싶었다. 나는 그 시절 영어를 어느 정도 읽을 수 있게 되면서 외국어에 급격한 자신감이 붙어 있던 꼬맹이였다. 그 꼬마는 꼬불꼬불 신비로운 언어, 영어와는 아예 딴판이라 전혀 읽을 수 없는 이 요상한 글자에 사로잡혔다. 처음에는 신기했고 그다음에는 읽고 싶어졌다. 이후에는 대체 '이 글자를 쓰는 사람들은 어떤 곳에서 살까?' 하는 궁금증이 생겨났다.

아버지는 이 글자가 중동이라는 지역의 사람들이 쓰는 글자라고 했다. 멀게는 저기 아프리카까지 이 글자를 쓴다고 덧붙였다. 여자들은 머리에 두른 천으로 얼굴을 가리고 다니고, 석유가 많이 나는 곳이라고도 했다. 사막도, 오아시스도 있다고 했다.

그렇게 나는 아버지에게서 받은 초콜릿으로 '중동'이라는 지역을 처음 만났다. 맛있는 초콜릿을 한 알 한 알 아껴 먹으며 아랍어를 구경하는 재미가 쏠쏠했다. 그때는 내가 중동을 지금처럼 뻔질나게 드나들 거라고 상상조차 할 수 없었다.

불안한 혹은 매력적인

이란어를 좋아하는 마음을 고스란히 간직한 채 나는 평범한 고
등학생이 되었고 마침내 진로를 결정할 때가 됐다. 여느 수험생
처럼 내신 성적 관리에 치이고 수능 시험의 잔혹함을 체감하는
날들이 이어졌다. 압박감은 갈수록 더 커졌다. 미지의 세계를 동
경하던 내 안의 꿈은 점점 작아져만 갔다.

　수포자(수학포기자)로 분류된 나는 자연스레 문과를 선택했다.
처음에는 대학에서 외국어를 전공하고 싶다고 막연히 생각했다.
두루뭉술했던 그 생각은 차츰 언어로 전 세계를 누비며 일하겠
다는 꿈과 목표가 됐다. 하지만 어떤 언어를 전공할지는 계속 고
민됐다. 진학은 현실적인 문제이기 때문이다. 영어는 워낙 대중
적인 외국어이기에 필수 과목이었고, 당시 중국어가 급격히 제2
외국어로 부상 중이었지만 왠지 끌리지 않았다.

　고등학교 시절 내내 전공 언어를 고민하면서 잊고 있던 중동
의 모래사막이 다시 생각났다. 좀 더 장래가 유망한 스페인어와
포르투갈어에 이따금씩 흔들렸지만, 마음은 이내 다시 모래사

막 한가운데로 가곤 했다.

　결국 마음이 이끄는 대로 이란어를 전공하기로 결심하자 좀 더 적극적으로 공부해보고 싶었다. 터키어, 아랍어, 이란어 알파 벳을 프린트해 따라 적어보고 관련 인터넷 카페에도 가입했다. 그렇게 홀로 동분서주하는 동안 나처럼 이 언어에 관심이 있는 사람들이 많다는 사실을 알게 돼 괜스레 위안을 얻기도 했다.

　이란어 수업에도 참여해보고 싶었는데 아쉽게도 모든 수업은 서울에서만 열렸다. '그럼 혼자 공부하면 되지 뭐!' 하고서 시간 이 날 때마다 간단한 인사말을 소리 내 읽으며 본격적인 공부를 시작했다. 그런데 웬걸, 이게 수능 공부보다 훨씬 재밌었다. 너무 재밌어서 야간 자율 학습 시간까지 이란어 공부를 하자 선생님 의 꾸중이 이어졌다.

　"수능이 코앞인데 쓸데없는 공부나 하고 있고 말이야. 국·영· 수 공부나 해!"

　대부분의 선생님과 친구들은 취업이 잘되는 유망한 과에 관 해서만 이야기했다. 나처럼 특이한 외국어에 관심이 있는 친구 는 아무도 없었다.

　"나는 신방과에 갈 거야. 나중에 방송국에 들어가서 멋진 아 나운서가 되고 싶어."

　"나는 교대에 가서 선생님이 될 거야."

"나는 경영학과에 가서 대기업에 들어갈 거야."

친구들이 진로에 대해 이야기할 때마다 나는 주눅이 들었다. 유명한 회사 이름이나 구체적인 계획을 이야기할 때면 더욱 숨고만 싶었다.

친구들의 꿈은 정말로 이뤄질 것 같았고 참 멋있게 느껴졌다. 내 꿈은 구체적이지 않고 너무 특이해서 누구와도 공감을 나누기 어려웠다. 가끔 용기 내 이야기하면 "너 정말 특이하구나?"라는 반응만 돌아올 뿐이었다. 나는 점점 꿈이나 목표 같은 것들을 다른 사람 앞에서 쉽게 이야기하지 않는 소심한 아이가 됐다.

그렇게 고등학교 3학년 수시 접수 기간을 맞이했다. 내 관심사를 잘 알고 있던 고3 담임 선생님이 수시 상담 중에 이야기했다.

"이란어과는 우리나라에 하나밖에 없는데, 좀 불안하지 않겠니? 나중에 취업도 그렇고, 아랍어과가 더 나을 것 같은데?"

망설이던 나는 걱정하는 담임 선생님의 조언에 오히려 '이거다!' 싶었다. 하나밖에 없다니 더더욱 이란어과가 매력적으로 느껴졌다. 무언가 특별한 일, 나밖에 할 수 없는 일을 하고 싶다고 막연하게 생각해오던 나는 그제야 길을 찾은 느낌이었다.

"아니요, 선생님 전 이란어과 지원할게요!"

그날 바로 지원서를 쓰고 서울로 혼자 논술을 보러 갔다. 결과는 합격이었다. 나는 정말 이란어과에 입학할 수 있게 됐다.

선택 전 사색의 가치

문제는 부모님의 반대였다. 고등학교 때 우리 집 형편은 좋지 않았다. 나도 집안 사정은 누구보다 잘 알고 있었다. 당장 입학금을 마련하기도 빠듯한 상황이었다. 부산이 아닌 서울에서 대학 생활을 하면 돈이 배 이상으로 든다는 것도 알았다. 게다가 주변의 권유에 못 이겨 지원한 부산의 국립대에 장학생으로 합격한 상태였다. 부모님은 부산의 국립대가 아니면 등록금을 지원해주지 않겠다고 선언했다.

냉정하게 상황을 뜯어보기로 했다. '과연 내가 부모님 뜻대로 선생님을 하며 행복할 수 있을까?' 하는 질문에 확신이 서지 않았다. 나는 내가 갖고 태어난 천성이 가장 중요하다고 생각했다. 나를 가장 잘 아는 사람은 바로 나였다. 매일 똑같은 과목, 반복되는 커리큘럼을 가르치는 일은 도무지 잘해낼 자신이 없었다. 무엇보다 내가 행복할 것 같지 않았다.

좋은 딸이 되는 것도 중요하지만 한 번뿐인 내 인생을 포기할 수 없었다. 그때 읽고 있던 책에 이런 문구가 있었다. '가장 큰 효도는 내게 주어진 삶을 온전히 살아내고 나 자신이 행복해지는 것'. 대학 진학이라는 큰일에 부모님의 뜻을 거스르는 게 쉽지는 않았다. 내가 너무 이기적인 게 아닐까 자책하기도 했다. 하지만 나는 끝까지 고집을 꺾지 않았다. 결국 이란어과 등록 마지막 날 이모부의 도움으로 겨우 등록할 수 있었다.

지금도 수많은 수험생이 취업이 잘 되는 전공과 자신이 공부하고 싶은 전공 사이에서 선택을 강요받고 있을 것이다. 어떤 것이 정답인지는 아직도 잘 모르겠다. 나는 그때 내 고집대로 이란어과에 진학했다. 그 누구보다 열심히 하겠다고, 보란 듯이 멋진 미래를 살겠다고 다짐했다. 그런데 정말 그랬을까?

아니다. 나는 누구보다 간절하고 어렵게 진학했음에도 불구하고 이란어에 급격히 흥미를 잃었다. 학사 경고를 세 번 연속으로 받기도 했다. 현실에 굴복했고, 커 보이기만 하는 남의 떡을 좇아 대기업에 입사 원서를 내기도 했다. 다시 나의 길로 돌아와 꿈을 좇기까지 수없이 방황했다. 힘들 때마다 내가 놓친 장학금, 선생님이 될 수도 있던 기회, 지금 나의 거처보다는 안락하고 편안할 고향 집이 떠올라 괴로웠다.

하지만 나의 선택을 절대 후회하지 않는다. 가끔 방황과 좌절의 중간 어디쯤에서 헤매기도 했지만, 그때 고민했기 때문에 평생 인생의 나침반이 될 진짜 꿈을 찾을 수 있었다. 진학을 고민하던 그 시간은 '나'에 대해 되돌아볼 수 있는 시간이었다. 내가 하고 싶은 일은 무엇이며, 어떤 일을 잘할 수 있는지, 무슨 일을 할 때 가장 행복한지 등을 깊이 생각해볼 수 있는 기회였다. 내가 그때 현실과 대충 타협했다면 과연 어떻게 됐을까? 진지하게 고민하지 않고 어른들이 시키는 대로 선택했다면 행복할 수 있었을까? 아마도 지금 일하며 느끼는 즐거움과 충만감을 절대 느끼지 못했을 것이다.

누구나 인생의 선택 앞에서 갈팡질팡할 때가 온다. 그때가 바로 스스로를 되돌아볼 기회다. 인생의 중요한 순간에는 그 무엇보다 자신의 마음을 들여다보아야 한다. '취업이 잘될 것 같아서, 어른들이 권해서, 남들 다 하니까' 같은 이유는 순간의 불안함은 달랠 수 있을지언정 행복을 가져다주지는 못한다. 선택에 앞서 우선 내 마음이 진정으로 원하는 것이 무엇인지 헤아리는 시간을 가져보자. 잘못된 선택을 할 수 있고 실수할 때도 있겠지만, 그 자체가 자아를 형성하는 중요한 양분이 될 것이다.

꿈에 등수를
매기는 사회

내가 그토록 바라던 성취가 타인에게는
실패에 불과하다니 마음을 잡을 수가 없었다.

내 꿈은 몇 등일까?

대학 새내기가 된 나의 목표는 단순했다. 이란어를 열심히 공부
해서 아주 큰 회사에 들어가는 것! 그리고 이란 관련 업무 전문
가로서 멋지게 일하는 커리어 우먼이 되는 것! 그때 내가 알던
멋진 여성의 모습이란 딱 그 정도였다. 우습게도 당시의 나는 커
리어 우먼이 정확히 무슨 뜻인지도 모를 만큼 생각에 한계가 있
었다. 참 모호한 꿈이었지만, 어쨌든 이루고픈 꿈이 있었다는 것

만은 분명하다.

대학생이 되자마자 꿈을 이루기 위해 '열공' 모드였던 건 아니었다. 대학교 새내기가 흔히 그렇듯이, 나 역시 첫 학기부터 방황하기 시작했다. 우리 과 동기는 모두 30명이 채 되지 않았다. 그중에서 동갑 친구는 10명이 될까 말까였고, 재수 혹은 삼수 끝에 입학하게 된 동기가 대다수였다. 게다가 이란어를 좋아해서, 이란어를 배우고 싶어서 들어온 학생은 찾기 힘들었다. 소위 말하는 '스카이' 대학에 들어가려다 실패해서, 혹은 더 나은 학교로 가기 위한 발판 삼아 우리 과를 선택한 친구가 많았다.

동기들은 이미 전과나 취업을 위한 자신만의 계획을 뚜렷하게 세우고 있었다. 금융권이나 대기업 취업을 위해 경영 혹은 경제학과를 이중전공하고 자격증 취득 공부를 할 거라고 말하는 친구들이 많았다. 또한 전과를 하려면 무엇보다 학점이 중요하므로 이란어 공부를 열심히 할 거라고들 했다.

자기 인생의 가이드라인을 다부지게 밝히는 동기들을 보면 모두 나보다 똑똑하고 야무진 것 같았다. 꿈에 그리던 이란어 공부를 할 수 있게 돼 마냥 좋기만 하던 나는 갑자기 내 자신이 초라하고 작게 느껴졌다. 내가 그토록 바라던 성취가 타인에게는 실패에 불과하다니 마음을 잡을 수가 없었다.

"이란어보다는 영어가 중요해."

"토익은 무조건 950점은 넘어야지."

"취업하려면 무조건 경영학이나 경제학을 이중전공 해야 해."

그때부터 동기와 선배, 교수님들의 조언에 이리저리 휘둘리기 시작했다. 이란어 공부에 재미를 붙일 새도 없이 흥미를 잃어버리고 만 것이다. 나는 학교생활이 싫어졌다. 단순히 학점과 전과, 취업을 위해서 이란어를 공부하는 동기들 사이에서 방황했다. 물론 정말 재밌게 이란어를 공부하는 친구들도 있었을 테지만 이미 내 눈에는 아무것도 들어오지 않았다.

남들 다 하니까

나는 학과 공부보다는 아르바이트와 여행, 쇼핑 등에 열중했다. 그렇게 한 학기가 지나고 다음 학기가 되자 학과 수업에서 볼 수 있는 친구들이 점점 줄었다. 수업은 지루했고 당연히 공부에 점점 소홀해졌다. 결국, 예정된 절차대로 나는 학사 경고를 연속세 번이나 받고 재입학을 할 지경에 이르렀다.

재입학을 하려면 입학금을 다시 내야 했다. 당시 집안 형편으로는 재입학을 할 수 없는 노릇이었다. 그제야 정신이 번쩍 들었다.

'대체 그동안 뭘 한 거야?'

후회해도 이미 많이 늦은 뒤였다. 교수님들을 찾아다니며 싹싹 비는 동안 가출했던 정신이 조금씩 돌아왔다. 간신히 재입학을 면하고부터 다시 책상에 앉기 시작했다. 형식적이지만 학과 공부를 시작한 것이다.

바쁘고 정신없이 공부한 지 3년쯤 지나자 취업이 코앞으로 다가왔다. 어떻게든 이란과 관련된 일을 하고 싶던 새내기 적 꿈을 이룰 수 있을지 겁이 났다. 이란이라는 끈을 놓지 않으려고 계속 노력하면서도, 취업을 준비하는 다른 친구들을 보면 불안한 마음이 커졌다. 현실적으로 이란어라는 전공을 어떻게 살려야 할지 도통 감을 잡을 수 없었다. 이란어는 통·번역 대학원도 없고, 정기적으로 관련 특기자를 뽑는 회사도 없었다.

결국 나도 남들과 같은 방식으로 취업 준비를 하게 됐다. 토익을 공부했고 컴퓨터 자격증을 땄다. 한 대기업의 입사 시험을 위해 책을 잔뜩 사서 밤마다 공부하기도 했다.

우리 학교는 어문대학이라 이중전공이 필수였다. 나는 동기 언니를 따라 경제학을 의욕적으로 선택했다. 수학에 젬병이었지만 취업이 잘된다는 말에 무턱대고 따라 한 결정이었다. 매주 이해되지 않는 숫자와 그래프의 향연 속에서 좌절을 겪은 나는, 한 학기 만에 두 손을 들고 말았다. 이후 차선으로 선택한 것은 경영학이었다. 이 역시 취업에 가장 무난한 전공이라는 주변 의견에 따른 것이었다. 경영학 역시 따라가기에 벅찼는데 조직 관리와 마케팅은 꽤 재밌었다. 그때는 내가 나중에 내 회사를 운영하게 될 줄은 상상조차 할 수 없었지만, 수업을 들으며 '경영은 대체 무엇일까' 하고 공상에 잠기기도 했다. 하지만 경영 역시 기본적으로 내 적성에 맞는 학문은 아니었다.

취업 전선의 최전방에서

경제도 한 학기, 경영도 한 학기 들어봤지만 도무지 적성에 맞지 않았다. 이중전공을 선택하긴 해야 하고, 남들처럼 경제나 경영은 잘해낼 자신이 없고 너무도 막막했다. 그때 눈에 들어온 전공이 바로 방송·영상학과였다. 당시 취업 준비에 한창인 동기 중에는 아나운서를 목표로 하는 친구도 있었다. 그 친구를 보며 나는 중동 지역의 특파원이 떠오른 것이다.

그렇게 세 번째로 이중전공을 선택했다. 다행히 이번에는 경제와 경영보다는 재밌게 수업을 들었다. 꽤 좋은 성적도 받았다. 그러면서 자연스럽게 아나운서라는 직업에 관심을 갖게 됐다. 주위 사람들이 준비하는 대로 나도 취업 전선에 뛰어든 것이다.

마음 한쪽에는 '이란과 관련된 일을 하고 싶다'는 생각이 여전했지만, 막상 졸업을 앞두자 꿈만 좇는 게 무모해 보였다.

여느 취업 준비생처럼 아나운서를 목표로 삼으니 취업 정보가 쏟아졌다. 그 어떤 정보도 없어서 혼자 고군분투해야 했던 이란어 관련 직무와는 정반대였다. 그때 아나운서 취업을 돕는 사설 아나운서 아카데미가 많다는 정보를 입수했다. 아나운서를 꿈꾸는 친구들 대부분은 그러한 아카데미를 다니며 준비하고 있었다. 다행히 집안 사정이 나아진 무렵이라 나 역시 남들처럼 아나운서 아카데미에 등록했다.

아나운서 아카데미에 등록하자 취업 전선의 맨 앞자리에 선 듯했다. 함께 학원을 다니는 친구들은 다들 이미 진짜 아나운서같이 예뻤고 똑똑했다. 그들은 아카데미 수업에 금세 적응했고 발성과 발음도 훌륭했다. 기가 죽긴 했지만 이왕 들어간 아카데미에 나도 열심을 다하기로 했다. 길었던 머리를 짧은 단발로 자르며 마음을 다잡았다. 입에 볼펜을 문 채 열심히 발음 교정을 하고 대본을 읽었다.

하지만 정말 꿈이 아나운서인 친구들과 단순히 취업을 위해 아나운서 준비를 하는 내가 같을 수는 없었다. 아나운서처럼 옷을 입고 말을 해도, 타고난 약점까지 보완할 수는 없었다. 나는 허스키한 음성을 타고났고 카메라 울렁증까지 있었다. 목소리는 연습을 통해서 어느 정도 교정이 가능했지만, 카메라 앞에만 서면 어색해지는 표정은 잘 고쳐지지 않았다. 그래도 어떻게든 극복해보고 싶었다. 그러나 길거리에서 시민들을 인터뷰하는 녹화 수업을 한 이후 아나운서는 도저히 내 적성에 맞지 않는다는 것을 인정하게 됐다.

내가 좀 더 진심으로 아나운서가 되기를 원했다면 아마 어떻게 해서든 카메라 울렁증을 극복할 수 있었을 것이다. 하지만 아나운서가 적성에 맞지 않고 아나운서로서의 재능이 내게 없다는 것을 깨달은 순간 바로 포기하고 말았다. 훗날 이란에서 대학원 입학을 준비하던 시절 몇 번이나 입학을 거절당하면서도 결코 포기하지 않던 때와는 전혀 다른 모습이었다.

현실과 타협하기

취업 문을 두드린 첫 학기에 나는 이란 관련 해외 영업 직군에만 지원서를 냈다가 모두 낙방했다. 취업을 위한 나의 도전은 계속됐다. 그러나 실패가 거듭됐고 초조해지기 시작했다. 취업 준비 두 번째 학기부터는 내 적성이나 꿈 따위는 더 이상 중요하지 않았다. 취업 그 자체가 훨씬 중요해진 것이다. '주객전도'란 게 이런 것일까? 취업만 할 수 있다면 어떤 회사든 괜찮을 것 같았다. 은행은 은행 나름대로 좋아 보였고, 공기업은 공기업대로, 여행사는 또 여행사대로 좋아 보였다. 직무도 마찬가지였다. 마케팅 일도 할 수 있을 것 같고, '국내 영업이면 또 어때?' 하는 생각도 들었다.

이렇게 좋아 보이는 회사에 모두 지원서를 넣었다. 많은 취업 준비생이 그러하듯 회사에 맞춰 각기 다른 '자소설'을 써가며 회사에 내 적성과 꿈을 끼워 맞춘 것이다. 지원하는 회사가 늘수록 자기소개서는 그럴싸해졌지만 점점 나를 잃어갔다. 계속 스스로에게 거짓말을 하다 보니, 정말 내 꿈이 무엇인지 잊어버린 것 같았다.

수십 곳의 회사 문을 두드렸다. 그중 두 개의 은행 면접을 본 것이 한 학기 동안의 최종 수확이었다. 그때는 최종 면접에 합격하기만 하면 은행원이 내 천직인 것처럼 일할 수 있을 것만 같았다. 그러나 역시 최종 결과는 불합격이었다.

'하… 이젠 어떡하지?'

취업을 준비한 일 년 동안 내 감정의 롤러코스터는 멈출 줄 몰랐다. 오르락내리락하는 감정 기복에 또 시달려야 한다니 정말 아찔했다. 그런데 시간이 흐를수록 그런 감정 변화마저 사라지는 것 같았다. 3학기 째에는 마치 기계같이 지원서를 써냈다.

내가 볼 때 괜찮아 보이고, 남들도 그럴싸하다고 여기는 회사인
지는 더 이상 중요하지 않았다. 직무 또한 상관없었다. 무작정
지원해보는 식이었다.

취업 준비생 시절, 나의 하루 루틴이 있었다. 아침에 일어나자
마자 취업 카페에 들어간다. 그곳에는 회사의 지원 공고를 날짜
별로 정리해둔 게시판이 있다. 오늘 날짜에 맞춰, 보이는 회사에
전부 지원한다. 지원하는 방법은 간단하다. 회사 홈페이지에 들
어가서 어떤 일을 하는 회사인지 공부한 다음, 그 회사와 업무에
맞춘 가상의 나를 만들어 지원하는 것이다.

이런 상황이 반복될수록 이란어와 관련된 일을 하고 싶다는
나의 꿈은 사라져갔다. 나는 어느새 취업을 위한 꿈을 만들고 있
었다. 나날이 탈락에 익숙해졌고, 급기야 슬프지도 않게 됐다. 깊
고 깊은 무력감에서 빠져나올 수 없었다. 나의 잘못이 절대 아님
을 알면서도 위축되는 마음을 어쩔 수 없었다.

20대는 어린 나이다. 지금 당장 마음속에 꿈을 갖고 있고 목
표가 있어도, 그것을 꾸준히 실행해나가기는 현실적으로 굉장히
어려운 시기가 바로 20대다. 그때는 매 상황에 휘둘리는 내가,
주위의 시선을 외면하지 못하고 끌려다니는 내가 너무 한심했
다. 나는 영영 내 꿈과는 멀어져 다른 삶을 살아갈 거라며 자책
했다.

하지만 아니었다. 마음속 깊은 곳에 간직해둔 꿈이 있다면 돌고 돌아서라도 기회는 다시 온다. 자신의 진짜 꿈을 깨닫는 과정은 절대 시간 낭비가 아니다. 실패하고 좌절하는 시간이 있었기에 내 꿈을 소중히 여기게 됐다. 또한 그 시간들 덕분에 어떤 상황에서도 흔들리지 않는 힘을 단단하게 축적할 수 있었다. 그러니, 모든 취업 준비생들이 절대로 자기 자신을 나무라지 않았으면 좋겠다.

원하는 대로 사는 데는
용기가 필요하다

〰️

내가 정한 이름으로,
내가 살고 싶은 대로 살아보고 싶었다.

내가 선택한 이름

취업 준비로 힘든 시간을 보내던 어느 날 나는 이화여대 근처,
3대째 운영 중이라는 한 작명소에 있었다.

"이름을 바꾸고 싶어요."

불안한 삶을 이어가던 스물네 살, 나는 개명을 결심했다. 사실
내 이름은 정제희가 아니었다. 원래는 다른 한글 이름이었는데,
어머니 말에 의하면 여자아이의 이름을 한글로 짓는 것이 내가

태어난 시절의 유행이었다고 한다. 하지만 나는 어렸을 때부터 한글인 내 이름을 좋아하지 않았다. 내 이름이 담고 있다는 그 의미가 썩 와 닿지가 않았고 그냥 마음에 들지 않았다.

개명을 결심하고 찾아간 작명소에서는 나이가 지긋해 보이고 안경을 쓴 할아버지 한 분이 이미 내 이름을 풀어놓고 있었다. 할아버지는 내 이름이 "좋지 않은 이름이 맞다"고 했다. 그 한마디가 내게 엄청난 위안이 됐다. 당시 나는 대학 졸업과 취업 준비로 힘든 시기를 보내고 있었다. "그래, 지금 내 상황이 좋지 않은 건 이름 때문이야"라며 위로할 핑곗거리를 찾은 것이다.

할아버지는 새 이름을 짓기에 앞서 내게 앞으로 어떻게 살고 싶은지 물었다. 뜻밖의 질문에 나는 불쑥 오랜 시간 고민해왔던 결심을 이야기했다.

"하고 싶은 공부를 하면서 살고 싶어요. 통역이나 강의를 하든, 글을 쓰든 그냥 제가 원하는 걸 하고 싶어요. 그리고 제가 가고 싶은 길을 묵묵히 걸어갈 수 있는 그런 힘이 있는 사람이고 싶어요."

신기하게도 나는 누구에게도 속 시원히 털어놓을 수 없던 고민과 미래를 처음 본 작명소 할아버지에게 털어놓았다. 할아버지는 내 이야기를 듣더니 이름 몇 개를 보여줬다. 나는 그것에 눈길을 주지 않고 쭈뼛쭈뼛 가져간 종이를 내밀었다.

"사실 제가 정해 놓은 이름이 있거든요. '정제희'라는 이름이요. 어떤가요?"

할아버지는 좀 놀란 듯했다. 이름을 지으러 와서는 자기가 지어온 이름을 내밀었으니 그럴 만도 했다.

"제 이름에 '제목 제題'가 들어갔으면 좋겠어요. 제가 쓰는 책, 제가 하는 일의 제목이 근사했으면 좋겠거든요."

할아버지는 한참 옥편을 뒤적이더니 그럼 '제목 제'에 '횃불 희曦'가 어떠냐고 했다. 횃불 같은 제목. 무척 마음에 들었다. 어두운 길을 횃불로 비추며 묵묵히 나의 길을 가는 나. 근사한 제목이 될 수 있는 나. 그날 나는 '정제희'라는 이름을 선택했다.

나는 새로운 이름이 담긴 봉투를 들고서 이화여대 앞길을 걸어 집으로 향했다. 그날은 쉽게 잠들 수 없었다. 왜였을까? 새로운 나, 새로운 이름으로 살아갈 내 미래를 그리며 설렜기 때문이 아닐까.

지금 되짚어보면 이름이 마음에 들지 않았다는 당시의 말은 핑계일지도 모른다. 그때의 나는 무기력하게 살아가던 내가 싫었다. 마음에 들지 않았던 이름은 마음에 들지 않던 내 모습 그 자체였던 것이다. 나는 내가 정한 이름으로, 내가 살고 싶은 대로 살고 싶었다.

새로운 삶을 시작하며

새 이름을 받아오고 나서도 오랫동안 개명 신청을 하지 못했다. 24년을 써왔던 이름을 버린다고 하니 설렘만큼이나 두려움도 컸던 것이다. 새로운 나의 이름을 받아들이는 일, 그것과 동시에 이전의 내 이름을 버리는 일, 어느 것 하나도 쉽지 않았다.

'이름이 바뀐다고 삶이 순식간에 바뀌겠어?'라고 스스로를 합리화하며 개명 신청을 미뤘다. 나는 여전히 무기력하게 취업 원서를 써냈고, 아침에 일어나서는 기계처럼 채용 공고를 확인했다. 서류 전형 탈락 메일을 받은 날에는 하루 종일 내가 한심하게 느껴졌다. 첫 관문조차 넘지 못하다니 바보 같았다. 내가 바라는 삶이 아니란 걸 누구보다 잘 알면서도 대기업에 취업해야 할 것만 같았다. 그 길은 남들이 말하는 가장 안전한 길이었다.

어머니는 매일 전화를 걸어 취업은 어떻게 되고 있는지 물었다. 그렇게 내 꿈을 잊고 남들과 비슷한 삶에 젖어들 수 있을 줄 알았다. 그래서 매일 아침이면 또 새로운 채용 공고를 훑고, 문과가 쓸 수 있는 가장 흔한 직군인 '국내 영업' 직군 여기저기에 지원서를 넣었다. 마치 내가 영업왕이라도 될 수 있다는 듯이 그럴싸한 거짓 자기소개서를 말이다.

그러길 약 1년, 나는 전혀 관심 없던 회사의 한 번도 생각해본

적 없던 직무에 취업하게 됐다. 취업을 준비한 지 일 년 하고도 반만의 일이었다. 내 꿈과는 전혀 다른 길에 들어선 것이다.

하지만 그토록 어렵게 취업한 회사에 내가 다닌 시간은 고작 3개월이었다. 1년을 끌어왔던 내 꿈의 유보가 단 3개월의 경험으로 끝나버린 것이다. 그곳에서 내가 이룰 수 있는 꿈은 없었다. 나에게 있어 3개월의 짧은 회사 생활은 나의 진로에 대한 확신을 재확인하는 시간이었을 뿐이다.

회사를 나오면서 나는 그동안 늘 마음의 짐이자 숙제 같았던 이란행을 결심했다. 그와 동시에 법원에 가서 미뤄뒀던 개명 신청서를 제출했다. 이제 새로운 이름을 쓸 때가 됐음을 직감했다. 새로운 마음으로, 새로운 나만의 여정을 시작하고 싶었다.

개명 절차는 어려웠던 결심의 과정에 비하면 간단했다. 마음을 먹은 후 실행하기까지가 가장 힘들고 괴롭다는 것을 그때 다시 한 번 느꼈다. 법원 1층에 가서 개명 신청 서류를 받아 드니, 제일 아래 칸에 '개명 이유란'이 있었다. 거기에 나의 결심을 한 자 한 자 또박또박, 매우 간결하게 적어 넣었다.

"제 이름이 마음에 들지 않아요. 제가 정한 이름으로 원하는 대로 살고 싶어요."

개명 신청서를 적고 나니 속이 다 후련했다. 다른 사람들을 따라 스스로 원하지 않던 방식으로 미련하게 살아보려고 했던 나와 그날 완전히 작별했다.

인생의 표지판이 된 이름

개명 신청 사유가 너무 싱거우면 법원에서 반려될 수 있다는 글을 보고 지레 겁을 먹었다. 법무사 사무실에 대행을 맡기면 훨씬 편리하게 개명 절차를 진행할 수 있다는 후기도 봤다. 하지만 이 의미 있는 나만의 의식을 다른 사람 손에 맡기고 싶지 않았다. 번거롭더라도 내가 직접 하는 편이 더 뜻깊을 것 같았다. 혹시라도 반려된다면 또다시 신청해볼 요량이었다.

개명 신청서를 접수한 후 초조한 한 달이 지나고, 드디어 법원에서 서류가 날아왔다. 이제 '정제희'로 살아보라고 말이다! 새 이름을 받은 나는 바뀐 이름을 여기저기에 등록하는 동시에 내 꿈이 있는 이란으로 떠날 준비를 하나씩 해나갔다.

그중 가장 먼저 했던 일은 이란에서 쓸 이란 이름을 짓는 것이었다. 한국 이름도 내가 선택했으니 당연히 이란 이름도 내가 원하는 대로 짓고 싶었다. 이란에서 공부하고자 결심한 내게는 이란에서 불릴 이란 이름 역시 커다란 의미를 가졌다.

인터넷 검색 창을 열고 영어로 '이란 여자 이름Persian girls name'

을 검색하니 긴 리스트가 나왔다. 리스트를 살펴보며 선후배들이 이란에서 쓰던 이름을 떠올렸다. 대부분 부드럽고 아름다운 뜻을 가진 이름이었다. 하지만 달콤하거나, 천사 같거나, 꽃 같기만 한 이름은 나와 어울리지 않았다. 그 연약한 의미 또한 마음에 들지 않았다.

그때 리스트에서 한 단어가 눈에 확 들어왔다. 'Bita'라는 단어였다. 영어로는 'unique'라고 번역되고, 한국어 발음으로 소리 내보면 '비터'가 된다. '유일한, 혹은 대적할 자가 없는'이라는 뜻으로 신의 속성과 가장 가까운 의미를 지닌 이름이라고 했다.

몇 번이나 혼자 오물거리며 비터, 비터, 비터 하고 발음해봤다. 이 거창하고도 무거운 이름에 나는 단숨에 마음을 빼앗겼다. 이름에도 인연이 있는 걸까? 비터라는 이름은 나를 강하게 끌어당겼다. "그래 이 이름이야!" 다른 이름은 눈에 들어오지도 않았다.

이렇게 나는 정제희이자 비터로 살게 됐다. 내가 선택한 두 이름은 내가 가야 할 길을 안내해주는 길잡이이자 등대다. 지금도 나는 이름이 불릴 때마다 기분이 무척 좋다. 실제로 이란에서 가장 힘들던 때, 모든 것을 포기하고 한국으로 돌아갈 캐리어를 꾸렸을 때, 나는 이란 이름을 손목에 타투로 새기며 다시금 마음을 다잡았다. 애초에 결심한 대로, 유일한 사람이 돼보자고 말이다. 타투를 새긴 후 집으로 돌아와 다시 캐리어를 풀던 그날이 언제나 생생하다. 그때는 내 이름이 유일한 나의 버팀목이었다.

이 책을 읽는 사람들에게 당장 지금의 이름을 버리고 개명하라고 이야기하는 게 아니다. 다만 어떤 방식으로든 각자의 삶에 이정표가 될 가치관을 찾을 필요가 있다. 나는 그것을 일상에서 늘 상기하며 살고 싶어서 이름에 각별한 의미를 부여했던 것뿐이다. 실제로 내 이름은 중대한 선택의 기로에 있을 때 흔들리지 않는 힘이 돼줬다. 한 번쯤 각자의 삶에서 가장 중요한 기준은 무엇인지 생각해보는 시간을 가져보자.

여전히 더 나은
선택의 여지가 있다

내가 가장 들여다보고 싶었던 파리의 앞발, 뒷발은
포기할 수밖에 없었지만 파리의 날개가 남아 있었다.

두 번째 도전

석사 과정을 준비하면서 본격적인 이란 생활이 시작됐다. 대학원
학기는 2014년 2월에 시작했지만 석사 지원을 위해서 2013년
9월부터 이미 이란에 머물던 상태였다. 한국에서는 이란의 대학
원에 지원하는 과정이 힘들었기 때문이다. 메일로 질문을 하나
보내면 답장이 일주일 뒤에 왔고 전화 연결은 꿈도 꿀 수 없었
다. 수십 번 전화해 겨우 한 번 연결이 되면 잠깐만 기다리라고

해놓고는 귀찮은 듯 전화를 끊었다. '툭' 하고 끊기는 통화음 소리가 무심히 내 귓가를 때릴 때마다 분통이 터졌다. 입학 허가를 받고 학생 비자를 받는 데 족히 일 년은 걸릴 것 같았다.

이미 한국에서 시간을 낭비했다고 생각한 나는 굉장히 초조하고 조바심이 난 상태였다. 지금 생각해보면 스물일곱의 나이는 뭐든 새롭게 시작할 수 있는 어린 나이지만, 그때는 그 나이가 내게 아주 무거웠다. 처음 어학연수를 떠났을 때도 동료들보다 서너 살은 많았고 같이 석사 과정을 시작한 동기 두 명도 나보다 한두 살이 어렸다.

한국에서 테헤란대학교 홈페이지를 들춰보며 전공 선택을 고심하던 나는 배우고 싶은 게 너무 많았다. 대학생 때 어학연수로 살짝 이란을 맛보고 돌아온 아쉬움이었을까, 부쩍 이란에 대해 이것저것 궁금한 게 많았다. 하지만 석사를 준비하면서 나는 석사에서 박사로 이어지는 학업의 과정이 나와는 잘 맞지 않는다고 느꼈다. 우스갯소리로 학사 과정에선 파리에 대해서 배우고, 석사 과정에서는 파리의 앞발, 박사 과정에서는 파리 앞발의 신경에 대해서 배우는 거라고들 이야기하곤 한다. 석사 과정에 진학한 친구들과 이런 이야기를 나눌 때마다 나는 불편한 마음이 들었다. 나는 더 넓고 총체적인, 살아 움직이는 이란의 모습을 보고 싶었다. 즉 살아서 앵앵거리는 파리가 더 보고 싶었다.

그렇다고 계속 어학연수만 할 수 없는 노릇이었다. 어학연수로는 비자를 연장하기도 어려웠다. 이란 어학연수에 관한 정보는 굉장히 제한적인데 늘 누가 비자 연장을 거부당했다더라, 누가 쫓겨났다고 하더라 식의 부정적인 카더라 통신만 무성했다.

더 중요한 문제는 따로 있었다. 우리나라만큼 누군가의 전문성을 학위로 가늠하는 나라가 또 있을까? 이란 전문가가 되고 싶은 나의 목표는 학위가 없이는 사실상 불가능해 보였다. 나는 석사 과정 입학과 생생한 이란을 관찰하는 것 두 가지를 새로운 목표로 삼았다. 아니, 목표라기보다는 내 진짜 목표에 한 걸음 다가가기 위한 관문으로 여겼다.

그때 내가 가장 관심을 갖던 분야는 이슬람 여성주의Islamic feminism였다. 특히 이란의 페미니즘과 그 발전 과정이 궁금했다. 짧은 기간 이란에서 어학연수를 하며 본 이란 여성은 내가 생각했던 전통적인 중동 여성 이미지와 매우 달랐기 때문이다.

이란은 1979년 이슬람 혁명을 이뤄냈고, 그 과정에서 다른 중동 국가와는 달리 여성의 사회 참여가 필요했다. 인구의 반을 차지하는 여성 역시 혁명의 동지가 돼야 했기 때문이다. 남성과 여성이 사회에서 분리되기는 했지만 여성의 존재가 이란 사회 발전에 꼭 필요한 존재였다. 문화적 정서도 한국과 매우 유사해 연구해보면 재밌겠다 싶었다. 어학연수 시절에 큰 쇼핑몰의 세

탁소 앞에서 남편에게 고래고래 소리를 지르며 "네 와이셔츠도 스스로 다리지 못하냐"고 소리치던 이란 여성과, 아주 비싼 일식당에서 샐러드만 시키는 남자의 맞은편에 새침하게 앉아 가장 비싼 모둠 스시를 시키던 여성은 내게 신선한 충격이었다. 그래서 여성학과에 지원하기로 결심했다.

거절이 거듭될 때

여성학과 사무실에 들어가자 검은 차도르를 보수적으로 두른, 아주 매서운 눈빛의 여자 세 명이 앉아 있었다. 석사 지원을 위해 왔다고 했더니, 나직하지만 강단 있는 목소리로 외국인 학생은 받지 않는다고 했다. 이유를 물었더니 그녀는 "이유가 없다"는 답변을 내놔서 나를 당황하게 만들었다. 그리고 "외국인이면 페르시아문학을 배워봐요"라고 말하고는 내가 더 말을 붙일까 봐 보고 있던 서류로 재빠르게 눈을 돌렸다. 말도 더 붙여보지 못하고 학과 사무실을 나와 집으로 돌아왔다. 그렇게 허무할 수가 없었다. 기운 없는 목소리로 이란 어학연수 시절 사귄 친구 파리쎄에게 말했다.

"여성학과는 외국인을 받지 않는대."

"당연하지 비터. 이란 페미니즘을 배워서 뭐해? 이란엔 페미니즘이 없어. 허울 좋은 이름을 붙여서 눈 가리고 아웅 하는 거라고. 생각해봐. 이란 여자들이 어떻게 살고 있는지. 자유로운 나라에서 온 네가 곱게 보일 리가 없지. 진실을 알게 될 테니까. 두려운 거라고!"

자유로운 집안 분위기에서 자란 파리써는 보수적이고 종교적인 집안에서 자란 이란 여성들과는 사뭇 달랐다. 이란의 부유층 여성들은 해외여행을 자주 다니고, 서구의 영향을 많이 받아 대부분 파리써 같은 태도를 보였다. 파리써의 말에 묘한 반감도 들었지만 어느 정도 맞는 말 같기도 했다. 그녀는 이란 정부의 부정 선거 반대 시위에 참여했던 사진을 자랑스럽게 보여주면서 말했다.

"진짜 이란의 페미니즘이 알고 싶어? 그럼 이 차도르를 두른 여자들이 아니라 나를 봐."

다시 내 고민은 원점으로 돌아갔다. 아무리 생각해도 내 관심사는 이란 사회의 전반적이고도 다양한 모습이었다. 나는 파리의 앞발, 뒷발, 신경, 날개, 소화기관을 하나하나 살펴보고 싶었다. 테헤란대학교 홈페이지를 뒤지며 또다시 고민에 빠졌다. 홈페이지에서 설명하는 학과 중에서 나의 관심사와 가장 유사한 학과는 사회학과였다. 그럼 사회학과에 진학해보자는 생각이 들었다. 그리고 다음 주에 바로 사회학과 사무실로 찾아갔다.

"석사 지원하고 싶은데요."

"저희는 내년까지 신입생 지원을 받지 않아요."

"왜죠?"

"학과 내부 결정입니다. 페르시아문학이나 이란학을 배워보세요."

여성학과와 마찬가지로 어떻게 더 해볼 수 있는 방도가 없었다. 처음 보는 낯선 외국인에게 테헤란대학교는 그렇게 호락호락하지 않았다. 어학연수 때는 내게 호의적인 이란 사람들만 봐오다가 테헤란대학교에 와서 큰코다친 격이었다.

들르는 학과 사무실마다 페르시아문학을 추천하니 페르시아문학과에는 절대 진학하지 않겠다는 오기가 생겼다. 페르시아문학은 우리로 치자면 국문과라고 볼 수 있는데 나는 문학에 맞는 사람이 아닐뿐더러 언어학자가 되고 싶은 마음도 없었다. 내게 언어는 이란을 보는 하나의 도구일 뿐이었다. 그 도구는 이란 생활을 하며 자연스레 갈고닦을 심산이었다. 대학원 진학은 무조건 내가 관심이 있는 분야를 이란 친구들과 같이, 그들의 시각에서 공부할 수 있는 과로 선택하고 싶었다.

답답한 마음에 이란에서 유학 중인 후배 주원을 만나기로 했다. 주원은 이미 외국인들만을 대상으로 하는 이란학 석사 과정에 재학 중이었는데, 학과 분위기를 물어보고 싶었다.

"여긴 자유롭긴 해요. 전부 외국인들이고 영어로 수업을 하거든요. 외국인 학생들한테 친절하기도 하고요. 그런데 외국인들과 수업을 하니 이란어가 느는 둥 마는 둥하고, 커리큘럼도 뒤죽박죽이고… 사실 잘 모르겠어요."

두 번 연속 내가 가고 싶었던 학과에서 거절을 당하는 바람에 잔뜩 풀이 죽어 있었다. 게다가 딱딱하고 경직된 테헤란대학교 분위기에 휩쓸려 외국인에게 호의적이라는 이란학과에 끌렸던 것이 사실이다. 그뿐만 아니라 이란학과에 진학하면 장학금도 받을 수 있었다. 1년치 학비만 겨우 준비해온 가난한 유학생에게는 매우 솔깃한 제안이었다. 하지만 주원의 이야기를 들은 후 페르시아문학과와 더불어 이란학과에는 절대 가지 않겠다고 다짐했다.

거절에 유연하게 대처하기

그렇게 또 한 주가 지나갔다. 이란에 온 지 거의 한 달이 다 돼가도록 입학 서류도 제출하지 못한 상태였다. 테헤란대학교 내에 외국인 유학생을 도와주는 사무실이 있다고 해서 거기에 찾아가

보기로 했다. 그곳에는 안경을 낀 귀여운 외모의 중년 여성이 앉아 있었다. 그녀 앞에서 서러움에 복받쳐 그간의 이야기를 쏟아 냈다. 그녀는 신중히 내 이야기를 듣는 듯 하면서도 끝없이 서류에 결재를 하는 중이었다. 그 이성적인 모습에 나의 서러운 마음도 곧 잠잠해졌다. 진정하고 사무실을 찬찬히 둘러봤다. 넓은 책상 여기저기에는 그녀의 모습이 보이지도 않을 만큼 높게 서류 더미가 쌓여 있었다. 그제야 완전히 정신을 차렸다. 서류 뭉치에 질식당할 듯한 모습의 담당자를 보니 내게 냉랭했던 학과 사무실 직원들의 언행이 이해됐다. 또한 앞으로의 이란 생활이 쉽지 않을 거라는 예감에 사로잡혔다.

"흥분 가라앉혀요. 여기 진학할 수 있는 학과 리스트가 있으니 그중에서 고르는 게 좋을 거예요."

담당자인 실러코리는 오래도록 서류에 결재를 하고 난 후에 이렇게 말했다. 그 말은 친절하고 다정했지만 '네가 여기서 선택할 수 있는 건 하나도 없어. 그러니 좋은 말로 할 때, 여기 있는 과 중에 고르도록 해'라는 뉘앙스로 들렸다. 그녀 역시 그녀의 담당 학과인 이란학과를 추천했다.

찬찬히 리스트에 적혀 있는 학과를 쭉 훑어봤다. 역사학과, 고고학과, 이란학과, 페르시아문학과, 경영학과 등등이 적혀 있었다. 그중 국제관계학과에서 시선이 멈췄다. 이란은 미국과 유엔의 경제 제재로 국제 무대에서 약 30년 가까이 고립된 이빨 빠진 호랑이였다. 친미 국가에서 가장 강력한 반미 국가가 된, 왕정에서 세계에서 가장 특이한 신정 공화국이 된 특이한 현대사를 갖고 있는 나라다. 그런 나라가 국제 정세를 어떤 시각으로 보고 있는지 문득 궁금해졌다. 그녀에게 물었다.

"이 학과에 외국인이 있나요?"

"당신 같은 외국인이라면 없죠. 대신 시리아, 파키스탄, 레바논, 아프가니스탄 등 주변국에서 온 외국인들은 몇 명 있는 걸로 알고 있어요."

이 과였다. 내가 가장 들여다보고 싶었던 파리의 앞발, 뒷발은 포기할 수밖에 없었지만 파리의 날개가 남아 있던 것이다. 주변 중동 국가에서 온 친구들과 이란의 시각에서 보는 국제관계학을 공부할 수 있다니! 오히려 앞 두 학과에서 거절당한 것이 나쁘지 않을 수도 있겠다는 생각이 들었다. 자기 합리화일 수도 있지만, 그런 사고방식은 이후 내가 이란에서 겪어야 했던 수많은 좌절과 거절의 상처를 이겨낼 수 있게 해줬다. 그리고 한국에 돌아온 뒤 지금까지도 유연하게 살아갈 수 있는 가장 큰 지혜가 돼줬다.

그 자리에서 국제관계학과에 가기로 결정했다. 이란에 온 지 두 달 만에 입학 서류를 낼 수 있게 된 것이다.

남들 다 하는 게
정답은 아니다

진짜 중요한 건 요령을 부리지 않아도
살아남을 수 있을 만큼의 내실을 다지는 것이었다.

쉬리니 다르머니

국제관계학과 사무실에 찾아가 석사 입학을 위해 왔다고 하니
입학 서류를 줬다. 꼼꼼히 정보를 채워 넣은 서류를 다시 학과
담당자에게 내밀었다. 잔뜩 긴장했는데, 입학 신청이 완료됐다
고 말했다. 순간 잘못 들은 줄 알았다. 대학원 입학을 위해 이란
에 온 지 두 달이 넘도록 매번 입학의 문턱에서 좌절했던 나였
다. 이번에도 실패할 것에 대비해 만반의 태세를 갖춘 상태였다.

무척 다행이었지만 걱정했던 마음에 비해 조금은 싱겁게 입학 신청을 마쳤다.

"학과 위원회에서 서류를 검토한 후 면접 날짜를 알려줄 거예요. 꼭 전화를 받도록 해요."

그게 다였다. 그리고 약 3주 뒤로 면접 일정이 정해졌다. 세 번의 시도 끝에 입학 서류를 제출한 나는 면접 준비에 모든 시간을 할애하고 있었다. 그런 내게 이란 친구 파리써가 음흉한 미소를 짓더니 자기만 믿으라고 큰소리를 쳤다.

"비터, 이란에서 꼭 잊지 말아야 할 게 있어. 그건 바로 '쉬리니 다르머니'야."

"그게 뭔데?"

쉬리니 다르머니라는 말을 직역하면 '케이크 힐링' 정도로 풀이할 수 있다. 쉬리니는 달콤한 디저트 일체를 뜻하는 말인데, 우리가 흔히 생각하는 조각 케이크보다 더 작은 크기로 잘라서 킬로그램 단위로 파는 이란의 디저트다.

케이크로 사람의 마음을 푼다, 치료한다는 뜻을 가진 쉬리니 다르머니는 이란에서 다른 사람을 방문할 때 선물을 사가는 문화를 일컫는다. 일 처리가 느린 이란에서 중요한 문제를 빨리 해결하기 위한 팁이기도 하다. 실제로 부탁을 잘 들어주지 않는 딱딱한 이란 공무원 관료들이 케이크나 초콜릿 같은 쉬리니를 선물하면 꽤 다정해지기도 한다.

"로마에 가면 로마법을 따르듯이, 이란에서는 쉬리니 다르머니를 따라야 해! 우리 모두에게는 힐링이 필요하니까."

면접 전 날, 파리써는 드디어 쉬리니 다르머니의 날이 왔다며 나를 끌고 큰 제과점으로 갔다. 그녀는 점원에게 제일 큰 박스를 달라고 하고선 그 가게 안에 있는 모든 쉬리니를 담을 기세로 박스를 채웠다.

"파리써, 뭘 이렇게 많이 사는 거야?"

"쉬리니 다르머니를 할 때 중요한 게 또 뭔지 알아? 어중간하게 해서는 안 돼. 이왕이면 가장 크게, 가장 화려하게 하는 거지."

그 큰 박스를 모두 면접관에게 선물하라는 것이었다. 파리써는 그렇게 하면 면접은 그냥 통과할 수 있다며 큰소리를 쳤다. 나는 뭔가 꺼림칙했지만, 파리써는 이란에서는 이게 규칙이고 예의라며 나를 안심시켰다. 결국 하는 수 없이 그 큰 박스를 들고서 대학원 면접을 보게 됐다.

달콤한 케이크가 필요할 때

면접 날 아침이 밝았다. 나는 어설프게 마그나에(공공기관이나 학교에 갈 때 쓰는 히잡)도 쓰고 긴장된 마음으로 학교로 갔다. 마그나에를 머리에 두르니 동그란 얼굴만 부푼 찐빵처럼 튀어나와 보여서 의기소침해졌다. 그리고 무엇보다 나를 움츠러들게 한 건, 면접을 보러 온 학생 중 나같이 큰 쉬리니 박스를 들고 온 학생은 한 명도 없다는 사실이었다. 안 그래도 불편했던 마음이 한층 더 심란해졌다. 이란어가 어설펐던 나를 위해 파리써가 면접 장소에 동행해줬는데, 나는 옆에 있던 파리써에게 눈을 흘겼다.

드디어 내 면접 차례가 됐다. 담당 면접관은 피루즈 교수였다. 면접 전 그에게 주춤주춤 내 키만 한 쉬리니 박스부터 내밀었다. 그러자 피루즈 교수는 크게 웃었다.

"아니, 이런 건 어디서 배웠어요?"

나는 민망한 마음에 친구가 시켰다고 둘러대며 파리써를 팔았다. 이번엔 파리써가 나를 쩨려보았다. 파리써는 쉬리니만큼 달콤한 말로 상대방을 기분 좋게 하는 것이 쉬리니 다르머니의 덕이라고 했다. 그녀는 사근사근하게 말하지 못하는 나를 책망하는 듯했다. 이란인들은 아부성 멘트라면 세계 최고인 민족이다. 나는 세계 최고로 무뚝뚝한 나라 한국에서도 특히 무뚝뚝한 사람이었기에 아부성 멘트가 쉽지 않았다.

"마음은 고맙지만, 이런 건 받지 않아요."

나는 당황했다. 어쩐지 꼼수를 쓰려다 들킨 것 같아 부끄러운 마음이 들었다. 게다가 면접에 참여한 교수들은 이미 나를 알고 있었다. 내가 이란 어학연수 후 한국에 돌아가 쓴 책을 알고 있었던 것이다. 어떻게 알았는지는 확실히 모르지만, 그것 때문에 내가 스파이가 아닌지 의심하고 있었다. 혹시 기자이거나 정부 관련 일을 하는 게 아닌지 집요하게 물었다. 그 주도면밀한 질문에 이란어로 대답하느라 오히려 내게 쉬리니 다르머니가 필요할 지경이었다.

폭풍 같은 질문 세례를 받고 면접이 어떻게 끝났는지도 모른 채 방을 빠져나왔다. 테헤란대학 교정 벤치에 앉아 쉬리니 박스를 열고 혼자 반 이상 먹어버렸다. 아무래도 면접을 망친 것 같았다. 쉬리니를 받아주지 않은 교수님이 혹시 나를 안 좋게 본 걸까 걱정이 됐다.

생각은 점점 부정적으로 치달았다. 이번에도 입학에 실패하면 어떻게 해야 할까 고민이 앞섰다. 앞날을 그려보니 막막하기만 했다. 그런 나를 보며 파리써는 깔깔 웃었다. 그녀는 쉬리니 다르머니를 거절한 피루즈 교수님을 '특이한 이란인'이라고 평가했다. 그리고 면접에 떨어지면 자기랑 이란에서 같이 커피숍이나 차리자며 나를 위로했다.

꼼수가 통하지 않는 사람

면접 일주일 뒤 전화가 왔다. 결과는 합격! 알고 보니 이제까지 테헤란대학교 면접에서 떨어진 외국인은 아무도 없었단다. 마음 졸이던 시간들이 떠올라 잠깐 허탈한 기분도 들었지만, 어찌 됐 든 드디어 나의 테헤란 생활이 본격적으로 시작됐다.

학교를 다니면서 내가 가장 많이 부딪힌 사람은 피루즈 교수 님이었다. 교수님은 정말 특이한 사람이었다. 우선 눈이 부실 정 도로 밝고 쨍한 오렌지빛 머리와 수염이 그랬고, 이란 최남단 지 역의 사투리가 묻어 있는 유별난 억양도 그랬다. 특히 1학기에 는 딱딱한 발음이 아랍어처럼 들려서 3시간 넘는 그의 수업은 내게 정말 고역이었다.

그는 정말 말 그대로 단벌 신사였다. 기본 양복 한 벌로 사계 절을 났는데, 여름에는 재킷을 벗고 겨울에는 셔츠 안에 터틀넥 을 껴입는 식이었다. 거기에다 한겨울이 되면 군밤 장수 같은 모 자로 패션을 완성했다.

처음에는 그런 교수님을 좋아하지 않았다. 고백하건데 싫어 한 적도 있었다. 교수님은 어느 학교에나 한 명씩 있는, 수업과 시험이 힘들고 요령이 통하지 않는 깐깐한 사람이었다. 나는 외 국인인 나와 이란인 친구들을 똑같은 기준으로 평가하고 낮은 점수를 주는 교수님의 방식에 내심 억울함을 토로했다. 교수님 방에 무턱대고 찾아가 따지고 불평하기도 했다.

나는 당돌하고 무례한 학생이었다. 그러나 교수님은 한 번도 화를 내거나 꾸중하지 않았다. 오히려 흥분한 내게 '샤르바트(시럽)'를 물에 타주며 사람 좋은 웃음을 지어 보이곤 했다.

요령보다 중요한 것

피루즈 교수님은 내가 이란 생활 중 만난 이란인 중 쉬리니 다르머니가 필요 없는 유일한 사람이었다. 나는 유학 생활을 혹독하게 겪은 편이었다. 들려오는 말에 의하면 어학연수 후 냈던 책과 잦은 이란 출입국 기록 때문에 스파이라는 오해를 산 듯했다.

그래서 비자를 받기까지 일 년이 넘게 걸렸고 기숙사에서도 계속 거절당한 것이다. 매번 여기저기 불려 다니며 비자를 받기 위해 고생했다. 학생 비자가 없으니 당연히 학생증이 나오지 않아서 매번 교문 앞에서 실랑이를 벌였다. 아예 학교 출입이 되지 않던 날도 있었다. 또 학과 담당자가 화가 난 날이면 "넌 우리 과 학생도 아니면서 왜 학교에 오냐"는 말까지 들어야 했다.

늘 거절만 당한다는 생각에 만성적인 우울감과 무력감이 밀려왔다. 상대적으로 편하게 학교생활을 하는 친구들을 보면 질투가 날 정도였다. 특히 나는 이란에서 문제를 해결하기 위해 필요한 능력 중 하나인 쉬리니 다르머니를 유연하게 해낼 수 있는 유순함이 없는 성격이라 더 힘들었다.

외국인 학생의 비자를 담당하는 사무소에서 내 입국이 며칠 늦었단 이유로 100달러가 넘는 벌금을 부과한 적 있었다. 당시 한 달 생활비가 평균 300달러였던 것을 감안하면 매우 큰 벌금이었다. 비자가 나오지 않아 어쩔 수 없이 입국을 늦게 한 것이었지만 그때도 나는 변명 한 번 하지 않았다. 2시간이 걸려서 환전을 하고 벌금을 낸 뒤 돌아왔다. 그 모습을 본 담당자가 말했다.

"돈이 많나 봐요. 이 벌금을 낸 사람은 처음이에요. 한 번만 더 부탁했으면 벌금을 취소해줬을 텐데."

그 말을 듣고 또 좌절했다. 나는 그 '한 번만 더 부탁'하는 것이 잘 안 되는 사람이었다. 규칙이라면 당연히 벌금을 내야만 한다고 생각했다. 매사를 그런 식으로 받아들이고 처리해서 이란 사람들과의 교류와 행정 문제에서 엄청난 피로감을 느꼈다. 피루즈 교수님을 빼고는 모두 내게 쉬리니 다르머니를 원했고, 나는 그들에게 그저 딱딱하고 융통성 없는 한국인이었다. 물론 이란 생활을 끝낼 때쯤엔 나도 이란인들 못지않은 쉬리니 다르머니의 달인이 돼 있었다. 그렇지만 여전히 쉬리니 다르머니는 피곤하고 달갑지 않은 문화였다.

피루즈 교수님은 깐깐하고 요령 없는 사람이었을지 모른다. 하지만 되돌아보면 늘 나를 괴롭히는 교수님 덕분에 한 단계 더 성장할 수 있었다. 언제 어디서나 똑같은 기준으로 학생들을 대했기에 결국 교수님을 진심으로 좋아하게 됐다.

쉬리니 다르머니는 이란에서 살아남기 위해 꼭 익혀야 할 문화 중 하나지만 그저 다수의 의식일 뿐이다. 진짜 중요한 건 요령을 부리지 않아도 버틸 수 있을 만큼의 내실을 다지는 것이다. 피루즈 교수님은 면접 때 주춤주춤 내밀었던 쉬리니 박스를 받지 않았지만, 내 순수한 열정을 받아준 유일한 분이다. 다른 사람들은 내 마음 대신 딱 쉬리니 박스만 받았다. 나는 그 쉬리니 다르머니가 통하지 않던 사람들을 더욱 존경하게 됐다. 결국, 언제나 가장 중요한 것은 마음이니까 말이다.

막다른 골목에서
샛길 찾기

겸손한 자세로 순응하고 기다리기도 하면서
가끔은 흘러가는 대로 그 파도에 몸을 맡겼다.

불행의 아이콘

학과를 결정하고 나니 또 다른 문제가 닥쳤다. 바로 집 문제였
다. 입학하고 한동안은 파리써네 집에서 지냈다. 하지만 그 집에
서 계속 학교를 다닐 수는 없는 터, 곧장 테헤란대학교 기숙사를
알아봤다.

길었던 입학 과정에서 이미 한 번 힘을 다 뺀 상태였다. 그런
데 학교생활이 시작되니 그건 예선전에 불과했음을 깨달았다.

본 경기는 입학한 후부터였다. 매일이 버티기 한 판이었고, 그 경기에서 나는 늘 녹다운 당했다. 이란어를 꽤 한다고 생각했는데, 최장 6시간씩 이어지기도 하는 대학원 수업은 몹시 괴로웠다. 수업이 반복될수록 자괴감이 들었고 피하고만 싶었다. 그렇게 듣고 싶어 안달했던 이란어가 싫어질 정도였다.

학과 분위기마저 숨통을 조여왔다. 주위를 둘러보면 험상궂은 외모의 남학생 무리와 머리부터 발끝까지 까만 차도르를 두른 여학생뿐이었다. 서로간의 정서적 교류나 사적인 소통은 찾기 힘든 삭막함뿐이었다.

내가 진짜 멀고 먼 나라 이란에 살고 있음을 온몸으로 느꼈다. 진정한 이란인이 돼보겠다는 호기로운 결심은 6개월 만에 무너졌다. 나는 너무 고단했고 지쳐버렸다. 그냥 주어진 시간을 버티다 가야겠다는 생각이 들기 시작하면서 나의 타협은 시작됐다. 외국인 기숙사에 들어가지 않고 이란 가족과 함께 살면서 이란어를 격파하겠다는 마음은 어느새 증발하고 없었다. 테헤란대학교의 외국인 기숙사는 학교 코앞에 위치해 있는 데다 시설도 좋은 편이었다. 무엇보다 말 잘 통하는 친구들과 함께라면 힘든 하루하루를 이겨낼 수 있을 것 같았다.

외국인 기숙사 담당자인 장구이 씨에게 전화를 걸었다. 다른 한국인 유학생들이 아주 수월하게 기숙사에 들어갔으니 나도 그럴 줄만 알았다. 주변국 유학생보다는 상대적으로 형편이 나은 한·중·일 학생들에게 기숙사를 내주는 편이라고 했다. 실제로도 대부분의 학생이 한·중·일 학생들이었고, 터키 학생 한 명도 있었다.

나는 그때 세 명밖에 없는 한국인 유학생들 사이에서 '불행의 아이콘'으로 통하고 있었다. 입학 과정부터 유난히 수월하지 못했던 탓이다. 아니나 다를까, 버젓이 비어 있는 방이 있는 것을 알고 있는데도 장구이 씨는 방이 없어서 지금은 들어올 수 없다고 했다. 이해할 수 없는 처사였지만 달리 할 수 있는 일이 없었다.

화가 난 나는 외국인 기숙사가 아니라 이란인들이 사는 기숙사에 입소 신청을 하러 갔다. 담당자는 입소 신청 서류를 작성한 뒤 돌아가 기다리라고 했다. 시키는 대로 서류를 제출하고 기다렸다. 하지만 답변은 한국으로 돌아오는 날까지도 받을 수 없었다. 이쯤 되니 불행의 아이콘이 맞는 듯했다.

실패를 기회로 만드는 건 용기

거절이 반복되자 묘한 오기가 생겼다. 두드려 맞는 내내 정신을 놓고 있었는데, 곰곰이 생각해보니 이럴수록 더 힘을 내야 할 것 같았다. 나의 열정은 잠시 기절해 있었을 뿐 아예 죽은 게 아니었다. "누가 이기나 해보자" 하는 마음이 들었다.

다시 처음 결심한 대로 홈스테이를 알아보기 시작했다. 이란에서는 홈스테이 문화가 보편화돼 있지 않은 시기였다. 유학을 준비하면서 홈스테이를 했다는 선·후배를 본적이 없어 더 막막했다. 하지만 이왕이면 더 극한 환경의 가정으로 가야겠다고 생각했다. 당시의 내게 극한 환경이란 이 고문 같은 이란어를 최대한 많이 들을 수 있는 곳, 그리고 이왕이면 다양한 세대의 이란어를 들을 수 있는 곳이었다.

그때 써레 가파리가 생각났다. 어학연수 시절 친해진 이란 친구였다. 써레의 집에 몇 번 들른 적이 있었는데 대가족인 데다가 헌신적인 써레의 어머니가 특히 인상적이었다. 물론 터어로프 (예의상 하는 빈말 문화)였겠지만 지낼 곳이 없으면 자기네 집으로 오라고 했던 써레 부모님의 말이 떠오르기도 했다.

생각이 나면 바로 실행에 옮겨야 한다! 나는 무작정 써레의 집에 전화를 걸었다. 그로부터 몇 시간 후 외국인 기숙사 앞에 흰 닛산 SUV가 나타났다. 써레 어머니의 명령을 받은 써레 아버지가 나를 데리러 온 것이다. 써레네 SUV는 나의 큰 이민 가방을 뒷좌석에 싣고 꼬불꼬불 산길을 열심히도 달렸다.

불행과 행운은 등을 마주한다

써레네는 일곱 가족이 함께 살았다. 게다가 결혼한 두 딸과 그들의 남편, 그 남편들의 가족들까지 자주 찾아왔다.

이란 사회는 철저히 공적 장소와 사적 장소를 나눠뒀는데, 공적 장소에서는 모든 엔터테인먼트가 금지다. 최고의 사회적 엔터테인먼트가 카페에서 수다 떨기인 이 나라에서 발산되지 못하는 모든 에너지는 사적 장소, 즉 집에서 폭발한다. 단언컨대 이란인만큼 홈 파티를 좋아하는 민족은 없을 것이다. 그중에서도 써레네는 단연 최고였다. 거의 매일 집에서 파티가 열렸다. 화목해서 좋았지만 조용히 쉬고 싶을 때에는 힘들기도 했다.

또 하나의 예상치 못했던 복병은 종교적 신실함이었다. 이란의 중산층, 특히 테헤란 북부의 재력 있는 집안은 대게 진보적 성향이라 차도르 대신 이란 식으로 한껏 멋을 낸 루싸리를 쓴다. 써레는 화려한 스카프를 아래 두르긴 했지만 종교적이고 보수적인 집안의 상징이라 할 수 있는 차도르를 고수했다. 나 역시 이란의 주말인 금요일에는 아랍어로 된 코란 수업을 들어야 했다. 써레 아버지와 남자 형제들이 집에 있을 때는 집 안에서 루싸리를 꼭 쓰고 있어야 했다. 2년 넘는 시간을 보내면서 나는 한 번도 집에서 옷을 편하게 입은 적이 없었다. 특히 여름엔 고역이었다.

가장 큰 불편함은 이동 시간이었다. 테헤란의 중심부에 위치한 학교에서 최북부인 써레네까지는 차가 막히지 않을 때도 최소 1시간 반이 걸렸다. 조금이라도 차가 막히는 출퇴근 시간이 겹치기라도 하면 2~3시간은 우스웠다. 2014년 테헤란에 사상 최고의 폭설이 내렸을 때는 학교에서 집까지 6시간이 걸리기도 했다. 약 3년을 써레네에 있으면서 매일 하루 3시간씩 길거리에서 보낸 셈이다.

최적의 환경은 아니었지만 기숙사에 들어가지 않고 써레네에서 지내며 얻은 게 더 많았다. 처음 생각했던 것처럼 '진짜' 이란을 경험하기에 써레네처럼 좋은 곳은 없었다. 팔라비 왕정을 살았던 사다프 할머니, 이란 이슬람 혁명과 이란·이라크 전쟁에 직접 참가한 혁명 세대인 부모님, 그리고 신세대인 형제자매들과 부대끼면서 이란을 아주 깊숙하고 진하게, 때로는 눈물 나고 뭉클하게 체험할 수 있었다. 이란어 실력이 크게 성장한 것은 물론이다.

무엇보다 나는 그곳에서 제2의 가족을 얻었다. 학교에서는 늘 외국인인 내가 이해할 수 없는 일만 생겼다. 비자를 받지 못해서 이리저리 불려 다니기도 했다. 그럴 때마다 써레 아버지는 한달음에 달려와 나 대신 싸워줬다. 어머니는 아침을 먹지 않고 학교에 가려는 나를 억지로 자리에 앉히고 치즈 바른 빵을 입에 넣어 줬으며, 매일 맛있는 홍차와 음식을 만들어줬다.

유학 내내 비자와 학과 등록 문제로 마지막 순간까지 마음을 졸였지만, 그 덕분에 나는 근본적인 삶의 자세를 바꿀 수 있었다. 사실 나는 굉장히 오만한 사람이었다. 무슨 일이든지 내가 생각하는 대로 할 수 있다고 믿으며 살았고 잘되면 내 탓, 실패하면 남의 탓을 했다. 그러나 이란에서는 내 마음대로 할 수 있는 게 아무것도 없었다. 이란에서 겪은 대부분의 문제는 내가 해결할 수 없는 일이었다. 그렇다고 다른 사람 탓도 아니었다. 그저 오랜 기다림이 필요한 문제가 대부분이었다.

결국 나는 내 뻣뻣하고 정형화된 사고방식과 태도를 바꾸기로 했다. 나를 거절한다면 내가 바뀌면 되는 거다. 겸손한 자세로 순응하고 기다리기도 하면서 가끔은 흘러가는 대로 그 파도에 몸을 맡겼다. 그 안에서 나는 그저 내가 할 수 있는 최선을 다하면 되는 것이었다. 사실 이렇게 마음가짐을 바꿀 수 있었던 데에는 써레 아버지, 그러니까 나의 이란 아버지가 해준 말 한마디의 힘이 컸다.

"크게 될 사람한테는 그 그릇의 크기를 보려고 신께서 이것저것 시련을 많이 주신단다. 억울하다고 생각하지 마라. 그 누구보다 사랑받고 있다는 증거니까."

학과 사무실에서 쫓겨나 교정 벤치에서 울고 있는 내게 손수
건을 내밀며 이란 아버지가 해준 말이었다. 학교에서 소문난 불
행의 아이콘이던 나는, 사실은 그 불행 때문에 그만큼 더 행복해
진 '행운의 아이콘'이었을지도 모른다.

일단 선택했으면
앞만 보고 걷자

옳은 길을 가고 있는지
의문이 들 때

이제는 그 굴레를 벗어나서 자유롭게 살자고,
꼭 무엇이 되지 않더라도 나를 예뻐해주자고 결심했다.

무작정 열심히 살기

이란에서 어학연수를 끝내고 한국에 돌아온 후부터 두 번째 이
란행을 결심하기까지는 약 반 년이 넘는 시간이 있었다. 그 시간
의 균열에 시멘트를 바르듯 열심히 살았지만, 목표도 없이 무작
정 열심히 사는 게 좋은 결과를 가져올 리 없었다. 특별히 눈에
보이는 성과가 없자 조급한 마음이 들었다. 그저 앞만 보고 달리
다 잠시 숨을 고르려 하면 어느 틈에 무기력해지는 순간이 찾아

왔다. 더 이상은 안 되겠다 싶었다. 차분히 반 년 동안 한 일을 공책에 쭉 정리하기 시작했다. 정리 결과는 다음과 같았다.

1. **공부**: 매일 이란과 관련된 공부를 했지만 축적만 하는 시간이었다. 성과가 보이지 않아 불안했다. 내가 공부하는 것에 대해 다른 사람들과 이야기를 나누고 누군가에게 인정받고 싶은 마음이 컸다. 그 누구라도 "잘 하고 있어, 계속 그대로 하면 돼!"라고 말해주길 바랐다. 국내의 한 대학원에 입학했지만 내가 배우고자 했던 방향과 많이 달라서 그만뒀다.

2. **취업**: 대기업의 해외 영업팀 '이란' 분야에 여러 번 지원했다가 보기 좋게 미끄러졌다. 매번!

3. **생계**: 소소하게 이란어 통·번역 일을 시작했다. 하지만 나는 아마추어였고 먹고살 길은 여전히 막막했다. 작게 이란 여행 사업을 시작했는데 그것도 신랄하게 욕만 얻어먹고 끝났다. 배가 부를 정도로 욕먹었으나 내게 남은 건 마이너스 통장뿐이었다. 생계를 위해 영어 과외 아르바이트를 계속했다.

4. **출판**: 어학연수가 끝나고 일기처럼 썼던 글을 다시 정리해 이란 여

행 에세이를 내게 됐다. 아주 운이 좋았다고밖에 말할 수 없다. 하지만 첫 책은 글쓰기에 욕심이 많던 나에게는 조금 가볍게 느껴졌다. 물론 그때의 내 그릇이 딱, 그 정도였음을 잘 안다. 그래도 그 가벼움이 나 자체의 무게가 아닐까 하는 마음에 부끄럽다.

6개월 동안 여러 가지 일을 시도했지만 결과는 전부 지지부진했다. 나는 점점 지쳐가고 있었다. 열정의 크기에 비례해 두려움과 공허함도 계속해서 커져갔다. 욕심만큼 성취하지 못한 현실 앞에서 한없이 작아졌다. 그 '무엇'도 되지 못할 것 같은 두려움에 사로잡혔다. 지독한 불면증에 시달렸다.

무엇이 되지 않더라도

그러던 중 첫 책《테헤란 나이트》를 보고 한 대학 잡지사에서 인터뷰 요청을 해왔다. 반 백수에 가깝던 나는 흔쾌히 인터뷰 제안을 받아들였다. 먼저 받아본 질문지에는 대학생들이 궁금해할 만한 여러 질문이 있었다. 그런데 질문지 마지막에 이렇게 적혀 있었다.

"꿈이 무엇이고, 어떻게 살고 싶으신가요? 대학생들에게 한마디 해준다면?"

나는 한낱 백수일 뿐인데 나보다 훨씬 더 똑소리 나게 살고 있을 대학생들에게 조언을 하라고? 빛 좋은 개살구 같은 내 모습이 우스워서 실소를 터뜨렸다. 내가 이런 인터뷰에 답을 내놓을 자격이 있는 사람인가?

하지만 곧 인터뷰 질문 자체가 눈에 들어왔다. 내 꿈이 뭐였더라? 나는 어떻게 살고 싶어서 이러고 있는 거지? 듣기 좋은 답으로 대충 얼버무릴 수도 있었지만, 그러고 싶지 않았다. 이 질문에 답하기 위해서 진지하게 고민하기 시작했다. 답답한 마음에 예전부터 꾸준히 일기장처럼 써왔던 노트를 들춰봤다. 노트에는 2011년부터 그동안의 목표와 실행 과정, 실패가 빼곡히 기록돼 있었다. 노트를 한 장 한 장 넘기며 진로와 미래에 대한 생각에 잠겼다.

한참 뒤, 현재 내가 무기력한 이유는 모두 나 때문이라는 결론에 이르렀다. 처음 큰 꿈을 안고 어학연수를 떠나며 나는 돌아와서 뭐든 할 수 있을 것이라 여겼다. 정말로 내가 뭐라도 될 줄 알았다. 남들에게 최대한 빨리 멋진 결과를 보여주고 자랑하고 싶었다. 그때의 내 선택이 틀리지 않았다는 걸 증명하고 싶었던 것이다.

이 얼마나 어리석은 생각이었는가! 겨우 걸음마를 배워 아장 아장 걷기 시작한 주제에 마라톤도 완주할 것처럼 욕심을 부렸던 것이다. 내 안에 있던 욕심쟁이 심보를 마주하자 정신이 번쩍 들었다. 우울함도 싹 가셨다. 문제의 원인이 내게 있음을 깨달았으니 해결도 내가 하면 되는 거였다. 결자해지라 했던가!

해결 방법은 간단했다. 스스로를 응원하고 위로하면 되는 문제였다.

"잘하고 있어, 계속 그대로 하면 돼!"

응원과 위로를 전해주는 이가 꼭 타인일 필요는 없었던 것이다. 인생에서 앞으로 나아갈 방향을 설정하고, 그 길로 항해하는 주체는 오로지 나다. 지금도 나는 어려움이 닥치면 혼자 주문을 걸듯 이렇게 말하는 습관이 있다. 누구보다 자신을 격려하고 응원해줄 수 있는 진실하고도 든든한 '빽'은 언제나 자기 자신이다. 이 뒷배는 심지어 24시간을 함께 한다.

한결 후련해진 마음으로 한참 동안 노트를 더 들여다봤다. 2011년부터 나는 계속해서 무엇인가에 도전하고 또 도전하고 있었다. 비록 그 결과는 실패였을지 몰라도, 깨지고 또 깨지면서 꾸준히 앞으로 가고 있었다. 그런 스스로가 정말 대견했다.

꼭 '무엇'이 되지 않아도 괜찮겠다는 생각을 그 순간 처음으로 했다. 내가 원하는 일을 시작하면서 행복하다고 느꼈고, 앞으로도 그럴 거라는 걸 알았기 때문이다. 꼭 무엇이 되지 않으면 어떤가? 나는 그동안 사람들이 만들어놓은 잣대와 타인을 평가하는 시선들로부터 자유롭지 못했다. 이제는 그 굴레를 벗어나서 자유롭게 살자고, 꼭 무엇이 되지 않더라도 나를 예뻐해주자고 결심했다.

잡식 전문가

스스로를 응원하는 문제와는 별개로, 질문지에 대한 답을 준비하면서 더 명료하고 분명하게 내 미래를 그려볼 필요가 있었다. 내 꿈은 '이란 전문가'가 되는 것인데, 이건 자격증이나 입학시험을 통과한다고 얻을 수 있는 것이 아니었다. 이 꿈에 다가서기 위해서는 무엇보다 방향 설정이 가장 중요했다.

이란 전문가라는 꿈에는 한 치의 의심도 없었지만, 좀 더 깊이 파고 들어가면 내가 너무 다양한 분야에 관심을 갖고 있는 것이 걱정됐다. 비즈니스, 영화, 문학, 통·번역, 강의 등 관심 있는 분야가 너무 많았다. '우물을 파도 한 우물을 파라'는 말이 있듯이 특화된 한 가지 일에 깊이 파고들어야 하지 않을까 싶었던 것이다.

하지만 하나만 선택하려니, 어느 것 하나도 포기할 수 없었다.

이란 문학과 영화에서는 이란인들의 예술성과 감수성을 배울 수 있고, 통. 번역 일을 하면서는 이란어뿐만 아니라 이란인들의 비즈니스 매너와 다양한 이란 산업 전반의 정보를 얻을 수 있었다. 문화는 고정된 것이 아니라 계속해서 변하기 때문에 지속적인 관심을 가지고 들여다보고 공부해야 한다. 하나라도 놓쳐서는 안 된다는 생각이 들었다.

조금 더 시간이 흐르자, '꼭 한 분야에만 집중할 필요가 있을까?' 하는 결론에 다다랐다. '이란 전문가'가 꼭 한 분야의 전문가가 될 필요는 없지 않은가! 자기합리화의 끝판왕이라고 불러도 좋다. 하지만 영화, 비즈니스, 언어 등 모든 이란 관련 정보를 종합적으로 다루는 전문가가 돼도 좋을 것 같았다. 편협한 생각을 버리니 스스로를 괴롭히던 고민도 사라졌다.

한 분야를 정해서 석사, 박사 학위를 따야만 전문가가 될 수 있다는 틀도 깨보기로 했다. 이란 전문가가 꼭 박사나 교수를 의미하는 것은 아니지 않은가! 나는 나만의 방식으로 이란 전문가가 돼보기로 했다.

이 다짐은 아직 여전하다. 나는 지금도 이란 전문가가 되기 위해 도전 중이다. 목표가 바뀌니 내 관심사를 축소시킬 필요가 없어졌다. 나는 최대한 다양하게 관심 분야를 접하고 자유롭게 알아가고 있다. 그 도전 자체가 무척 즐겁다.

이렇게 딱 10년만 해보면 좀 더 구체적인 길이 보일 것이다. 그리고 언젠가는 나도 전문가라고 불릴 수 있지 않을까? 한 가지 분야에 특화된 사람이 스페셜리스트라면, 여러 가지에 관심을 갖고 넓은 시야를 가진 사람은 제너럴리스트라고 할 수 있다. 스페셜리스트도 좋지만 제너럴리스트도 또 다른 종류의 스페셜리스트가 될 수 있지 않을까? 특히 이란 관련 분야는 워낙 척박해 오히려 제너럴리스트가 요긴하게 쓰일 때가 있을 것이다.

인터뷰 질문지에 답을 채우는 동안 오히려 '가능성이 무궁무진한 대학생들이라면 무모한 날 보고 용기를 얻을 수 있지 않을까?' 하는 자신감이 생겼다. 내가 비록 대단한 사람은 아니지만 이런 길을 가고 있고, 또 세상엔 나 같은 사람도 있다는 걸 알리고 싶었다.

하나씩 성취 경험을
만들어라

간절히 바라던 일을 온전히 제힘으로 이뤄낸
사람은 더 큰일 앞에서도 주눅 들지 않는다.

홀로서기 준비

2015년 겨울, 이란에서 석사 과정을 모두 마치고 다시 한국에
정착했다. 꽤 긴 시간 학생으로 살았던 나는 처음으로 학교라는
울타리를 벗어나 완전히 나 자신으로서, '정제희'라는 이름으로
만 오도카니 남게 됐다. 소속감을 느낄 수 있는 직장이 있는 것
도 아니었고, 아버지에게 조금씩 받던 용돈도 졸업과 함께 끊겼
다. 이제는 정말 내 힘으로 생계를 책임져야 했다.

불안하고 막막한 동시에 신나고 설레기도 했다. 다행인 것은 신나고 설레는 마음이 불안하고 막막한 감정을 앞섰다는 점이다. 불안보다 설렘이 더 컸던 가장 큰 이유는 이름 앞에 직함을 자유롭게 붙일 수 있기 때문이었다. 나는 정말 다채로운 일을 해볼 수 있었다.

학생 때부터 이란어 통역 일을 계속 해오고 있었기에 내 이름 앞에 붙여진 첫 직함은 통역사였다. 그때는 통역 일이 내 온전한 직업이라고 생각할 수 없어서 좀 부끄럽기도 하고 민망하기도 했다. 스스로 프로가 아닌 아마추어라고 여겼기 때문이다. 누군가가 나를 '통역사'라고 불러주면 오히려 화들짝 놀라기도 했다. 어쨌거나 통역사가 비교적 자연스레 갖게 된 직함인 반면 '번역가'는 엄청난 노력으로 붙여진 직함이다.

이란 생활을 정리하던 2015년 여름날, 찜통 같던 테헤란의 어느 날이었다. 웹서핑 중 부산국제영화제에서 최초로 이란어 번역가를 뽑는다는 공고를 보게 됐다. 공고를 보자마자 갑자기 심장이 뛰었다. 나는 어렸을 때부터 독서와 영화 감상을 좋아하던 전형적인 문과생 타입이었다. 이란에 대해 공부할 때에도 이란 영화와 책의 도움을 많이 받았다. 지금은 타계한 압바스 키아로스타미 감독의 영화를 통해 이란을 처음 봤고, 이란어를 배웠다. 상대적으로 거시적이고 수치적이라서 어렵게만 느껴지던 이란 경제사와 정치사도, 영화를 통해 보면 쉽게 와닿았다. 미시적인 이란인들의 정서와 삶을 정치·경제 문제와 함께 내밀하게 들여다볼 수 있었던 것이다. 이란 영화는 이란을 총체적으로 공부하려는 내게 최고의 자료가 됐다. 두 번 생각할 것도 없이 바로 부산국제영화제 이란어 번역가에 지원하기로 결심했다.

느려터진 인터넷 속도 탓에 거의 열 번의 시도 끝에 지원서를 다운로드했다. 꼼꼼히 지원서를 작성한 후 메일로 서류를 접수했다. 심장이 두근두근 터질 것만 같았다. 일주일 후 다행히 서류 합격 통보를 받았다.

2차 전형으로 10분가량의 이란어 영상에 자막을 넣는 영상 번역 시험을 치르게 됐다. 자막을 만들면서 어렸을 적 극장에서 보던 외화의 간결하고도 힘 있는 자막의 느낌을 계속 떠올리려고 노력했다. 한 줄 한 줄 대사를 만드는 재미가 그 어떤 단어로 형용할 수 없을 만큼 짜릿했다. 내가 만든 자막을 넣은 영상을 밤새도록 봤던 것 같다.

10분 길이의 영상을 번역하는 데 주어진 1주일을 꼬박 쏟아부었다. 장면과 상황을 표현하는 데 가장 적합한 대사를 찾기 위해 한 문장 한 문장 머리를 쥐어뜯어가며 고심했다. 낮에는 도움이 될 만한 외화를 보고, 밤에는 번역을 했다.

통역은 상대방과의 감정 교류와 정확한 의사소통이 최우선이다. 물론 통역 내용을 기록할 때도 있지만 보통은 글로 남기보다는 말이 돼 날아가버리는 즉시성의 일이다. 반면 번역은 그와는 전혀 다른 재미가 있었다. 고뇌 끝에 선택한, 거르고 걸러 정제된 단어의 조합이 영상에 입혀지는 느낌과 쾌감! 영상과 자막이, 이란어의 뉘앙스가 한국어로 100% 매칭됐을 때의 그 찰떡같은 느낌! 개인적으로 통역보다 100만 배는 어려운 작업이었지만, 번역이 주는 재미는 상상 이상의 것이었다.

두 번째 정체성

머리가 핑핑 돌 것 같던 테스트 영상 번역이 끝났다. 당시는 기말고사 기간이어서 학교 시험 준비하랴 번역 시험 준비하랴 정말 24시간이 모자랐다. 결과물을 전송하고 겸허하게 결과를 기다리는 일만 남았다. 간절하고 또 간절했다. 매일 주식 시장 확인하듯 이메일 수신함을 들락날락했다. '떨어진 건가? 내가 될 리가 있겠어?' 때로는 자책하고 때로는 기대하며 발표일까지 매일 기도했다. 그런데 발표일이 지나도록 아무런 회신이 없었다. 답답함을 참지 못하고 부산국제영화제 번역 사무실로 전화를 걸었다.

"안녕하세요. 저 이란어 번역가 시험 지원한 정제희라고 하는데요. 결과는 아직 안 나왔나요?"

"네. 예상보다 지원자가 많아서 뽑는 데 좀 더 시간이 걸릴 것 같아요."

이란어 번역가 지원자가 많다니…. 내심 이란어의 소수성과 희귀성에 기대를 걸었던 나는 지원자가 많다는 담당자의 말에 풀이 죽었다.

"결과가 나오는 대로 저희 홈페이지에 게시할 거예요."

전화를 끊자 이내 복잡한 심경이 됐다. '내가 부산국제영화제에서 처음 뽑는 이란 영화 번역가가 될 자격이 있을까? 이란어 전공자 수가 적으니까 경쟁자도 적을 거라고 내심 방심하면서 공부했던 것은 아닐까?' 갑자기 이런 질문들이 머릿속을 헤집고 들어와 혼란스러웠다.

컴퓨터를 켜고 짧은 영상을 몇 번이고 더 돌려봤다. 이미 제출한 그 결과물을 보면서 다시 수정도 해봤다. 보낼 당시에는 완벽했다고 생각했지만 또 들여다보니 고치고 싶은 곳이 왜 이렇게 많은지…. 어미와 단어의 선택, 그리고 뉘앙스의 차이는 미묘하지만 큰 차이를 만들었다. 합격만 한다면 자만하지 않고 또 다듬고 다듬어서 더 완벽하게 번역하고 싶다는 욕심이 생겼다.

일주일가량이 더 지났다. 쇼핑몰을 구경하다가 습관적으로 들어간 부산국제영화제 홈페이지에 합격자 결과가 나와 있었다. 나는 갑자기 얼음 상태가 돼 손을 떨면서 합격자 발표 창을 눌렀다. 결과는 합격!

"꺄!"

쇼핑몰 한가운데서 함성을 질렀다. 모든 사람이 쳐다봤지만 전혀 상관없었다. 가족과 친구들에게 모두 전화해서 이 기쁜 소식을 알렸다. 부산국제영화제 소속 이란어 번역가로 단 한 명, 그것도 최초! 내가 합격했다는 사실이 믿기지 않았다. 다른 뛰어난 지원자 중에 내가 뽑혔다는 것이 미안하고 감사했다. 내 부족한 테스트 번역 결과물이 떠오르면서 좋은 번역을 하자고 다짐하고 또 다짐했다.

한 걸음 나아가기까지

나는 왜 그토록 초조하고 간절했던 걸까? 물론 이란어 번역에 늘 관심이 많았고 꼭 해보고 싶기도 했다. 하지만 더 나아가 내 인생과 관련된 문제기도 했다. 성인이 되고 대학을 합격한 후 나는 늘 인생의 주요 관문을 제대로 넘지 못하고 실패했다는 피해

의식에 얽매여 있었다. 취업을 준비할 때는 1년여간 100곳이 넘는 회사에 서류를 냈지만 면접도 보지 못한 채 떨어졌다. 운전면허 시험에서도 네 번이나 떨어졌다. 대학 때 학사 경고를 세 번이나 받을 정도로 학점이 좋지 않았고, 테헤란대학교에서도 언제나 사고를 몰고 다니는 불운의 아이콘이었다.

결과적으로 낮은 학점에도 졸업은 했고, 이란에서 대학원도 다녔다. 취업도 했고, 운전면허도 땄다. 하지만 모든 과정에서 느낀 패배감은 쉽게 지울 수 없었다. 언제나 결과에 만족할 수 없었다. 어떤 과정을 넘을 때 생기는 긍정적인 감정을 제대로 느껴본 적 없기 때문이다.

내색하지 않았지만 늘 성취에 대한 갈망이 마음속 깊이 자리 잡고 있었다. 나는 인정받고 싶었다. 그래서 더더욱 부산국제영화제 번역가로 꼭 '합격'하고 싶었던 것이다. 이건 아주 지극히 사적인 감정의 영역이기 때문에 다른 누가 위로해줘도 스스로 뛰어넘지 않으면 절대 해결할 수 없는 문제였다. 그런데 최종 번역가로 낙점되면서 나는 난생처음 내 힘으로 어떤 허들을 넘은 듯한 느낌을 받았다. 다른 사람에게는 사소한 일일지도 모르지만 내게는 그랬다. 그 무엇보다 내가 느낀 성취와 만족감이 가장 중요했다.

결국 해낼 수 있다는 믿음

한국에 돌아와 번역가 정제희로서 첫 작업을 시작했다. 2015년 부산국제영화제에 출품된 이란 작품 중 월드 프리미어 영화 5편을 번역했다. 내 첫 작품 중 하나인 〈아야즈의 통곡〉은 '국제영화평론가협회FIPRESCI상'을 받았다. 2016년에도 월드 프리미어 이란 영화들을 5편 번역했다. 그해에는 아주 영광스럽게도 지금은 별이 된 이란 영화계의 거장이자 나의 우상이던 압바스 키아로스타미 감독의 추모 영상도 추가로 번역했다.

2년간 이란 영화 번역과 감수 작업을 하면서 몇 달 밤을 꼬박 새우고 아침을 맞았는지 모른다. 아름답지만 잔혹하리만치 적나라해서 슬픈 이란 영화와 함께 보낸 늦가을의 밤들을 잊을 수 없다. 그 시간 덕분에 나는 번역가로서의 내 정체성을 더욱 사랑하게 됐다. 번역을 잘해낸 스스로를 인정하고 사랑하게 해준 그날들이 고맙다.

2017년 가을에도 나는 부산국제영화제의 번역 의뢰 메일을 기다렸다. 웬일인지 의뢰 메일이 오지 않아서 반가운 선생님들의 목소리도 들을 겸 사무실로 전화를 걸었다. 담당자는 바뀌어 있었고, 올해부터는 예산 문제로 이란어 번역가에게 작품을 맡기지 않을 예정이라는 쓸쓸한 답변을 들었다.

아쉽게도 부산국제영화제와의 인연은 끝났다. 그러나 부산국제영화제는 내가 번역가로 활동하는 데 보석의 보증서 같은 역할을 해준 곳이다. 부산국제영화제는 나의 큰 자산이 됐고 이 일을 계기로 이란 영화 관련 일을 더 활발히 할 수 있었다.

더 중요한 자산은 그때의 성취감이다. 아주 사소한 일이라도 좋다. 간절히 바라던 일을 온전히 제힘으로 이뤄낸 사람은 더 큰 일 앞에서도 주눅 들지 않는다. 그리고 그 달콤한 성취의 순간을 또 맛보기 위해 노력하게 된다.

이란이라는 나라를 제대로 공부해보겠다고 다짐했던 2011년부터 지금까지, 나는 매일 적어도 2~3시간은 이란 동향을 살피고 이란어를 공부한다. 공부가 너무 하기 싫어 나태해지고 싶은 순간마다 첫 번역 시험에 합격했던 그때의 마음을 떠올린다. 그것은 그 어떤 압박이나 의무감보다 강력한 동기를 부여한다.

관행에
맞선다는 것

지금까지 모두가 그래 왔으니
그냥 반복하고 있는 방식을 거부하고 싶었다.

불합리한 시스템을 마주할 때

지금의 회사를 차리기 전 나의 직업은 이란어 통역 '프리랜서'였
다. 그렇기 때문에 스스로 열심히 일거리를 찾아야 했다. 부지런
한 새가 먹이를 찾듯이 부지런한 사람만이 일을 얻는다는 신조
였다. 나는 아침에 일어나자마자 눈곱을 매단 채 열심히 인터넷
을 뒤졌다. 먹이를 찾아 산기슭을 헤매는 하이에나같이 매서운
눈으로 일거리를 찾아 '파워 검색'을 하는 것이다. 이때는 스피

드가 생명이다. 조금만 늦으면 다른 사람한테 일을 뺏긴다. 이란에서 아르바이트를 할 때 알던 사람들이 종종 일을 주기도 했지만 드문 일이었다.

대부분은 학과 페이스북 페이지에 게재된 공지를 보고 일을 찾았다. 가끔은 통역 회사나 개인 블로그 등에 이란어 통역을 찾는다는 글이 올라오기도 했다. 하지만 대부분은 학과를 통해 일을 구했다. 공지가 뜨면 학과 사무실의 이메일로 이력서를 보내고, 학과 사무실에서 해당 회사로 이력서를 전달하는 프로세스였다. 공지를 늦게 보면 일은 금방 마감되고 말았다. 그래서 매일 아침 학과 공지를 확인하는 일로 하루를 시작해야만 했다.

그런데 나는 이 프로세스 자체에 회의가 들었다. 어떨 때는 적절한 설명도 없이 이력서가 해당 기업에 제출되지 않기도 했고, 책임자가 임의로 일을 배정해주기도 했다. 나와 사이가 좋지 않은 담당자가 일을 진행하는 경우에는 이미 내가 하기로 한 일을 갑자기 자신과 친한 다른 후배에게 준 적도 있다.

아르바이트가 아닌 진짜 '업'으로 삼은 시장에서 이런 아마추어의 세계에서나 일어날 법한 일이 일어났다. 간접적으로 일을 구해야 하는 상황은 생각할수록 불합리했다. 차라리 공정한 자격 검정 시험을 치르거나 공개 면접을 봤으면 싶었다. 그만큼 시장 자체에 대한 불만이 커져만 갔다. 나는 답답했다. 과연 내가 이 세계에서 일할 수 있을까? 이 시장을 바꿀 수는 없을까? 한국에 돌아와서 본격적으로 일을 시작하면서 이런 생각이 더욱 커졌다.

당연한 일이 당연하지 않게

예전에 내가 하기로 한 통역 일을 다른 학생에게 준 이가 이런 말을 한 적 있다.

"저 학생은 집안 형편이 안 좋아. 넌 그렇게 힘든 건 아니잖아."

그때는 나도 사정이 좋지 않을 때라 더 충격적이고 속상했다. 사정이 힘든 친구에게 일을 주고픈 마음도 이해가 되지만, 한편으로는 업무를 하는 데 우선순위가 그 사람의 집안 환경과 빈부의 차이라는 것은 납득이 가지 않았다. 그런 이유로 일거리를 받은 학생에게도 상처가 될 것 같았다.

장기적으로 봤을 때 이런 사이클은 우리 학과에도, 통역을 의뢰하는 회사에도 손해만 줄 뿐이다. 검증되지 않은 학생을 보냄으로써 해당 회사가 통역의 퀄리티에 만족하지 못하면 학과 전체의 평판에 악영향을 미칠 수 있다. 또 비싼 비용을 지급하고도 그에 상응하는 전문적인 통역 서비스를 받지 못한 회사 차원에서도 손해다.

그렇게 불만족을 경험한 회사가 다음번에 또 이란어 통역사를 이용하고 싶을까? 조금 아쉬운 마음이 들더라도 영어로 의사소통을 하게 될 가능성이 있다. 그러면 또 그만큼 이란어 통·번역 시장의 확장 가능성이 줄어들 것이다.

이 사이클은 뫼비우스의 띠처럼 무한 반복되는 것처럼 보였다. 어쩌면 이렇게 이란어 시장의 가능성이 계속해서 축소됐던 것은 아닐까? 그래서 내가 먼저 프로가 돼 이 시장을 바꿔야겠다는 포부를 갖게 됐다. 나는 본격적으로 그 방법론을 구상하기에 이르렀다.

작은 반항이 만든 기회

당장 뾰족하게 떠오르는 방법은 없었지만 사소한 방법부터 바꿔보기로 했다. 지금까지 모두가 그래 왔으니 그냥 반복하고 있는 방식을 거부하고 싶었다. 작은 움직임이겠지만 갑이 가진 힘에 도전하고 싶었다.

회사는 업무에 필요하기 때문에 비용을 들여서 이란어 통역사를 쓸 것이다. 하지만 일반 기업은 이란어 같은 특수어의 통·

번역 시장 시스템에 관해서 알 길이 없다. 인력을 찾는 일부터 막막할 것이다. 그러니 가장 믿을 만한 학교로 연락을 하는 것이고, 그곳에서 추천하는 학생을 가장 뛰어난 통역사라고 생각하는 것은 어찌 보면 당연한 일이었다. 통·번역 대학원이 없으니 더욱 그랬다. 그렇다고 내가 당장 통·번역 대학원을 만들 수 없는 노릇이었다.

문득 이력서를 학과 사무실을 통해 전달하기 때문에 이런 일이 발생한다는 생각이 들었다. 내가 학교에 입학하기 전부터 '원래' 그런 시스템이었고 너무나 당연한 일이었기에 아무도 의문을 갖지 않았을 것이다. 하지만 사실 그런 독점 구조가 알게 모르게 채용 과정에서 권력을 만든 게 아닐까?

그때부터 학과 사무실에 이력서를 제출하기보다는 공지에 나와 있는 담당자의 이메일로 정성스레 적은 자기 소개서와 이력서를 직접 보내기 시작했다. 그리고 이력서를 제출한 뒤에는 꼭 한 번 더 전화를 걸어 나란 사람에 대해, 일에 대한 열정에 대해 직접 설명했다. 만약 담당자 번호가 없으면 공지에 나와 있는 회사 이름과 홈페이지 주소를 검색해 전화번호를 찾아냈다. 그렇게 전화를 걸면 담당자 대부분은 관심을 갖고 내 이야기를 들어줬다. 그리고 학과장실에서 정한 학생보다 내게 일을 주는 확률이 더 높았다.

당연히 나는 그렇게 받은 일에 최선을 다했다. 나는 이 세계에서 프로가 되고 싶었다. 그저 직장을 구하기 전에 경험을 쌓으려는 사람, 혹은 이 일을 부업 삼아 하는 사람 취급을 받고 싶지 않았다.

일일이 기업과 직접 소통하며 하나둘 일거리를 늘려갔다. 일단 맡은 업무는 프로페셔널하게 처리함으로써 신뢰를 쌓아갔다. 내가 직접 소통해서 협업한 기업은 다음번에도 기회를 주기 시작했다. 아주 사소한 행동 하나로, 하나둘씩 '나의 것'을 갖기 시작한 것이다. 좀 더 생각의 규모를 키우니 이런 공정한 시스템을 가진 이란어 통·번역 회사가 있으면 좋겠다는 생각이 들었다. 이후 내가 차린 회사 '이란아토즈'의 토대가 되는 발상이었다.

기회를 선택하는
용기

내가 소중하게 생각했던 직업 원칙을 어기고
기회를 선택해보기로 했다.

나와의 약속

그날도 어김없이 한 손은 턱을 괴고 한 손으로는 마우스 휠을 굴리면서 일거리를 찾던 중이었다. 그러다 내 눈에 'GS칼텍스'라는 회사 이름이 번뜩 들어왔다. 세부 사항에 '이란 시장조사'라고 적혀 있었다. '이란'이라는 단어만 보면 저절로 반응하는 내 눈과 손은 바로 그 게시물을 클릭했다.

대학 시절 모든 취준생이 꿈꾸는 인기 회사 중 단연 최고가

기름집이라 불리던 정유사였다. 취업 스터디 사람들은 정유사가 이른바 스카이를 졸업한 취업 시장의 에이스들만이 갈 수 있는 회사라고 했다. 잠깐이었지만 커리어 우먼으로서의 회사 생활을 꿈꿨던 졸업반 시절, 어쩌면 나도 모두가 바라는 그런 회사에서 일할 수 있지 않을까 잠시 상상해봤다. 전 세계 이곳저곳을 누비며 일하는 멋진 커리어 우먼을 꿈꾸면서 말이다.

그런 내가 GS칼텍스의 모집 공고에 지원하지 않을 이유가 없었다. 공고 이름도 멋졌다. 윤활유 해외 영업2팀의 '이란 엔진오일 시장조사' 업무였다. 어릴 적 꿈꿨던 회사와 내가 평생 공부하기로 목표한 이란이라는 나라의 컬래버레이션, 두 이유만으로도 무척 매력적이었다.

하지만 나는 선뜻 지원하지 못했다. 프리랜서 일을 시작하면서 스스로 지키려고 노력했던 나만의 원칙 때문이었다. 그 당시 나에게는 아주 중요한 직업 원칙이기도 했다. 그 원칙은 다음과 같았다.

첫째, 돈에 연연하지 말자. 특히 경험을 쌓는 연차에는 더더욱! 나에게 수입은 업무 선택 기준이 되지 못했다. 이 원칙에 따라 수입이 시장의 평균 가격보다 적더라도 내가 생각하기에 가치가 있는 일이라면 일단 했다. 예를 들면 문화 관련 행사는 기업 관련 일보다 페이가 적은 경우가 많았지만, 이란 문화에 관심이 많은 나에게는 훨씬 보람 있는 일이었다.

둘째, 직업적 정체성을 찾고 전문성을 쌓기 위해서 번역보다는 통역 일에 집중하자. 번역 일은 물론 재밌었지만, 통역 일을 보다 전문적으로 잘하고 싶은 욕심이 컸기에 풍부한 통역 경험이 필요했다.

셋째, 어떤 특정 회사와 장기간 계약해서 진행하는 일은 아무리 페이가 많아도 하지 말자. 한 회사와 오랫동안 일하게 되면 회사가 주는 안정감에 취해 안주하고 싶은 충동을 느낄 것이라 생각했다. 그러면 막연하게 꿈꾸던 나의 회사 설립이라는 목표와는 점점 더 멀어지게 될 것이다. 또 일하는 기간에 들어온 다른 중요한 통역을 못하게 될 확률도 높다.

GS칼텍스의 시장조사 업무는 내가 지키고자 했던 세 가지 원칙에 전부 어긋났다. 받게 될 보수도 생각보다 적었고 통역 업무도 아니었다.

무엇보다 망설여진 이유는 약 두 달 동안 사무실로 출근해야 한다는 것에 있었다. 프리랜서에게는 시간이 무엇보다 귀하다. 게다가 나는 여전히 혼자 공부하는 시간이 제일 중요했다. 깊은 밤에 공부가 잘되는 바람에 주로 새벽까지 깨어 있곤 하는 내가 아침 일찍 출근할 수 있을지 염려됐다.

진짜 필요한 것 찾기

그럼에도 나는 GS칼텍스에 지원했다. 막연하게 회사 설립을 꿈꾸면서 청사진을 그려봤을 때 이란과 관련된 비즈니스를 하는 기업에 통·번역을 포함해서 좀 더 포괄적이고 전문적인 서비스를 제공하는 회사였으면 좋겠다고 생각하던 참이었다. 통·번역 업무만으로는 회사를 운영하기 쉽지 않을 거란 판단에서였다.

이란어의 통·번역 시장은 다른 언어의 그것과 매우 다르다는 걸 체감하고 있을 때였다. 이란어 통·번역 업무는 안정성이 없고 기복이 무척 심했다. 일이 없을 때는 아예 없을 수 있음을 각오해야 했다. 그래서 우리나라에 이란어 전문 통·번역가 혹은 이란어 전문 회사가 없는 것은 아닐까 하는 생각이 들 정도였다.

하지만 나는 꼭 이 일을 하며 먹고살고 싶었다. 그러려면 약점을 보완할 수 있는 다른 뭔가가 반드시 있어야만 했다. 게다가 통역 업무에는 암묵적으로 나이 제한이 있었다. 계속해서 이란과 관련된 일을 하려면 기업에 제공할 수 있는 서비스가 더 다양해야 했다.

나는 그때까지 통·번역이나 강의 말고는 다른 업무를 경험해본 적이 없었다. 이란 어학연수를 가기 전에 잠깐 짧은 회사 생활을 해본 게 다였다. 사실 '회사'가 뭔지 알지도 못한 셈이다.

큰 회사의 일원이 되는 경험은 나중에 내 회사를 만들게 될 때 도움이 될 것 같았다. 그래서 내가 소중하게 생각했던 직업 원칙을 어기고 기회를 선택해보기로 했다. 정성껏 지원서를 작성하고 전송 버튼을 눌렀다.

새로운 시장에 눈을 뜨다

이력서를 보낸 며칠 후에 담당자인 김 과장의 전화를 받았다. 이미 몇 명의 지원자 면접을 본 것 같았다. 면접은 GS타워에 있는 칼텍스 사무실에서 진행됐다. 빌딩 안은 질서 정연하게 움직이는 회사원들로 분주했다. 그들 목에는 사원증이 걸려 있었다. 저 사원증이 로망이던 시절도 있었는데, 그때와는 전혀 다른 꿈을 꾸는 내 모습이 새삼 신기했다.

내 이력서를 한 손에 든 김 과장과의 면접이 시작됐다. 김 과장은 내가 이란에서 공부하고 온 것과 다른 지원자에 비해 통역 경험이 많은 점을 마음에 들어 했다. 그러면서도 조금 걱정스러운 목소리로 근무 조건에 대해 말했다.

"큰 컨설팅 회사에 맡길 수도 있죠. 하지만 솔직히 말할게요. 그런 곳은 가격이 굉장히 비싸잖아요. 우리는 말 그대로 이란 시장 가능성을 점쳐보고 싶은 아주, 정말 아주 초기적인 단계이기 때문에 예산이 그리 많지 않아요. 이력을 보니까 정제희 씨한테는 만족스럽지 않은 페이일 것 같아요. 또 매일 사무실로 출근도 해야 하고… 그런데도 괜찮을까요? 정제희 씨만 괜찮다면 우린 같이 일하고 싶은데요."

GS칼텍스는 이란 제재가 풀릴 것을 대비해서 차츰 이란 시장 진출을 준비하고 있었다. 그리고 그 가능성을 먼저 점쳐보기 위한 아이템은 '엔진오일'이었다. 엔진이 자동차의 심장이라면 엔진오일은 그 심장에 공급되는 혈액과도 같다. 심장이 굳지 않도록 윤활제 역할을 해주는 것이다. 나는 첫 아이템이 엔진오일이라는 점이 마음에 들었다. 시장조사 계획을 설명하는 김 과장의 비장함은 마치 드라마 〈미생〉의 한 장면을 보는 듯했다. 그와 함께 일한다면 여태껏 해오던 업무보다 좀 더 실제적이고 구체적인 회사 업무를 살펴볼 수 있을 것 같았다.

또 엔진오일 시장조사 계획을 들어보니 이 기회는 무조건 잡아야 했다! 큰 전문 컨설팅 회사들이 하지 못하는, 아니 돈이 되지 않기 때문에 꺼리는 초기 시장조사 및 컨설팅이 내가 세울 회사에 가장 필요할 수 있겠다는 생각이 들었던 것이다. 그 부분이 내가 다른 전문 컨설팅 회사와 비교해 경쟁력을 갖출 수 있는 영역이었다. 그런 일을 오히려 돈을 받으면서 할 수 있는 기회였다.

금액이 중요한 문제는 아니었다.

두말할 것도 없이 대답했다.

"네 꼭 하고 싶어요. 페이는 상관없어요. 제가 할게요."

그렇게 해서 나는 GS칼텍스의 임시 직원이 됐다. 기회는 그 것을 잡는 사람의 것이다! 목걸이로 된 임시 사원증도 받고, 명 함도 받았다. 통·번역 일만 하던 나는 '윤활유 해외 영업2팀 이 란 엔진오일 시장조사' 업무를 시작하며 새로운 분야에 처음 발 을 내딛었다.

절대 안 되는
일은 없다

가끔은 과감하게 자신의 원칙을 깨볼 필요도 있다.
그로 인해 더 큰 경험을 해볼 수도 있으니까 말이다.

초심으로 돌아가기

업무는 다이내믹했다. 회사에서 요구하는 정보는 매우 구체적이
었다. 하지만 그 정보를 활용해 계획할 사업은 전혀 구체적이지
않았다. 사업 계획을 구체적으로 세우는 일이 내가 해야 할 일이
기도 했다. 회사는 전적으로 나에게 진행을 맡겼기 때문에 책임
감이 어마어마했다. 우선 약 한 달 뒤로 계획돼 있는 이란 현지
시장조사를 수행하기 위해 한국에서 수집할 수 있는 정보를 모

아야 했다. 눈앞에 백지가 펼쳐진 기분이었다.

의욕은 샘솟았지만 막막했다. 일단 가장 단순한 일부터 시작하기로 했다. 나는 구글에 접속해 이란어로 '엔진오일'을 검색했다. 그다음 키워드는 '엔진오일 유통업체'였다. 그러자 쏟아지는 정보의 홍수! 깨알 같은 이란어 글씨들이 모니터를 가득 채우자 정신이 몽롱해지는 것 같았다.

인터넷에 넘쳐나는 이란 기사와 정보가 '진짜' 정보인지 확신할 수 없었다. 관련 기관의 통계 자료는 몇 년 전에 머물러 있었다. 그 수많은 정보 속에서 제대로 된 정보를 찾느라 골머리를 앓아야 했다. 일주일 정도 지났을 때 나름의 결론을 내렸다. '인터넷은 아니다!'라고 말이다. 정보 공개에 폐쇄적인 이란을 인터넷으로 조사할 경우 쓸모 있는 정보는 찾을 수 없을 거라는 판단이었다.

그때 이란에서의 '무데뽀' 시장조사 방법이 떠올랐다. 이란에 있을 때 아르바이트로 모 기업의 시장조사를 한 적 있었다. 이란 시장에서 플라스틱 용기가 어떻게 사용되고 있는지 조사하는 업무였다. 차를 타고 두 시간이 넘는 거리에 있는 공장에 직접 방문해서 인터뷰하고 동네 슈퍼마켓을 돌아다니며 자료를 모았다. 전화를 받지 않는 회사에는 100번 넘게 통화를 시도해서 시장조사 리포트를 만들었다. 어설펐지만 아마 처음으로 컨설팅을 했던 경험이 아니었을까.

이번에는 한국에 체류 중이라 당장 찾아갈 수는 없지만 전화를 걸 수는 있었다. 이란 기업을 상대로는 이 방법이 제일 잘 먹힌다. 문제는 어디에다 전화를 하느냐였다. 엔진오일 유통업체를 조사하고 있었지만, 좀 더 실제적인 정보를 찾기 위해 거꾸로 해보기로 했다. 무작정 가장 큰 이란의 정유사 여러 곳에 전화를 했다.

"어디랑 거래하세요?"

지금 생각하면 참 황당한 질문이다. 끈질기게 전화를 하면 알려주는 곳도 있었고 전화 연결조차 어려운 곳도 있었다. 그냥 전화를 끊는 건 예사고, 담당자를 연결해준다고 해놓고는 끊는 경우도 많았다. 하지만 꽤 쏠쏠한 정보도 많이 얻었다.

통역하면서 알게 된 인맥의 도움도 받았다. 이란에서는 무슨 일이든 인맥이 없으면 힘들다. 전前 한국 주재 이란 대사가 소개해준 공무원을 통해서 믿을 만한 업체를 소개받을 수 있었다. 이란에서 하던 대로 막무가내로, 거꾸로, 지인을 통해서 조사하니 한결 수월해지는 느낌이었다.

진짜 전문가

끝이 보일 것 같지 않던 1차 조사 작업이 끝났다. 어느새 이란 현지 조사, 즉 출장 날짜가 다가왔다. 통역사가 아니라 한 회사의 직원, 중대한 프로젝트의 일원으로 출장을 가는 느낌은 남달랐다. 러시아 지사장이 이란으로 넘어와 함께 이란 시장조사에 나섰고, 내가 한국에서 추려간 업체들과 미팅을 시작했다.

경 지사장은 우리나라 러시아 유학 1세대 여성이었다. 그녀는 대학 때 러시아어를 전공하고 석사 유학 이후 계속 회사 생활을 했다고 말했다. 지금은 대기업의 러시아 시장을 담당하는 관리자로 일하는 멋진 커리어 우먼이었다. 경 지사장과 함께 테헤란의 그랜드 버저르를 누비는 경험은 특별했다. 오일 냄새를 맡아가며 엔진오일 시장조사를 하고 업체 미팅을 다녔다. 그녀는 아주 냉철하게 업체를 파악하면서도, 부드러운 언변으로 상대방의 호감을 얻었다. 시장조사에서는 척하면 척, 보기만 해도 엔진오일과 관련된 모든 걸 알고 있는 모습이 존경스러웠다.

'전문가란 건 저런 사람을 말하는 거구나!'

그녀와 함께 엔진오일 프로젝트를 진행하며 시장조사 업무의 본질에 대해 파악할 수 있었다. 앞으로 어떻게 일해야 하는지도 감이 왔다. 언어 전공자로서, 언어로 먹고살 미래를 떠올리면 한계점이 보일 때가 많았다. 하지만 경 지사장을 보면서 나도 할 수 있다는 용기가 생겼다. 그녀는 일이 끝나고 남는 시간에는 나의 멘토가 돼 고민도 들어주고 응원도 해줬다. 그녀는 지금까지도 내가 가장 멋있다고 생각하는 여성 1호다.

긴 출장을 마치고 한국에 돌아왔다. 이제 이란에서 조사한 내용을 보고하는 일이 기다리고 있었다. 최종 업무 보고 준비가 시장조사와 출장보다 더 힘들었다. 모아둔 자료를 정리하고 전문가의 조언을 바탕으로 출장 리포트를 작성했다. 그렇게 '이란 엔진오일 시장조사 업무 보고서'를 만드는 데 일주일이 훌쩍 넘게 걸렸다. 보고서 작성을 거의 마무리 지을 무렵, 갑자기 그룹장이 날 불렀다.

"제희 씨, 부사장님이 임원 회의에서 제희 씨가 직접 결과 보고를 해줬으면 해요."

대기업의 임원 회의라니, 드라마에서나 보던 삭막한 회의실과 긴 테이블, 엄숙한 표정을 한 채 앉아 있는 사람들이 떠올랐다. 그날부터 또 밤을 새우며 임원 회의에서 발표할 자료를 만들기 시작했다.

미래의 모습을 그리다

발표가 성공적으로 끝났다. 지금까지 조사한 내용과 함께 내가 직접 겪은 이란이라는 나라, 그리고 내가 생각하는 이란의 비전과 가능성을 조사 결과에 덧붙여 말하고 발표를 끝냈다. 발표 후 관련 담당자들에게 칭찬도 많이 받고 고맙다는 인사도 많이 받았다. 농담인지 진담인지는 모르겠지만 발표 후에 부사장이 내게 "경 지사장처럼 우리 회사에서 일해요" 하고 이야기하기도 했다. 나중에 돌이켜보니, 나 같은 햇병아리가 임원 회의에서 발표할 수 있었던 것도 다시 없을 기회였다.

아쉽게도 GS칼텍스는 시장조사 자료와 내부 회의를 통해 이란에 진출하지 않는 것으로 결정했다. 아쉬운 결과였지만, 이 도전으로 나는 많은 것을 얻었다. 내가 앞으로 만들 회사의 모습이 매우 뚜렷해졌기 때문이다.

'이란'이라는 나라가 있다. 누군가는 이란을 두고 마지막 남은 블루오션이라고 한다. 한편 뉴스를 보면 테러만 일삼는 무서운 나라처럼 보이기도 한다. 이란은 객관적인 정보가 굉장히 부족한 나라다. 이란에 대해 알고 싶어 하는 기업이 분명 있을 것이다. 그런 기업들에 맞춤형 이란 시장조사 서비스를 제공하고, 전문적으로 컨설팅해줄 수 있는 회사가 있다면 가능성이 있지 않을까? 그저 그런 죽어 있는 정보가 아닌 생생하게 살아 있는 정보를 제공할 수 있을 거란 자신감이 생겼다.

GS칼텍스에서의 경험은 지금까지도 내게 큰 도움이 되고 있다. 아직 우리 회사의 메인 업무 영역은 아니지만, 우리 회사는 그때 배운 '삽질 정신' '무데뽀 정신' '집요하게 관련 시장을 공부하는 정신'으로 여러 건의 시장조사와 컨설팅을 진행했다. 그리고 내가 꿈꾸는 먼 미래의 우리 회사 메인 영역이 바로 컨설팅 분야이기도 하다.

내가 이 일을 할 수 있었던 건 나 스스로 정한 원칙을 깨고 GS칼텍스에 지원했기 때문이다. 나는 한 번 정한 원칙을 철저하게 지키지 않으면 목표의 기반이 와르르 무너지는 줄 알았다. 원칙이란 내 꿈에 다가가기 위해 지켜야 할 최소한의 규칙이다. 그런데 오히려 원칙을 따르지 않는 일이 목표에 다가가는 일이었고, 결과적으로 그 선택으로 인해 현재 우리 회사의 업무 영역 중 하나인 '기업 컨설팅' 영역을 개척할 수 있었다. 가끔은 과감하게 자신의 원칙을 깨볼 필요도 있다. 그로 인해 더 큰 경험을 할 수도 있으니까 말이다.

일생일대의 순간,
첫 번째 할 일

마음가짐이
변화의 시작이다

〉〉〉〉〉〉〉〉〉〉〉〉〉

타인에게 명함을 전달하는 행위 자체만으로 마음가짐이 바뀌었다.
의식적으로라도 프로답게 행동하려고 노력하는 나 자신을 발견했다.

그 사회가 돌아가는 법

테헤란 현지의 한국 교민은 200명이 조금 넘는다. 정확한 통계
가 없는 까닭에 늘 그 정도라고만 알고 있다. 200명의 구성을
보면 대부분 테헤란 현지의 한국 회사에서 일하는 주재원이고,
그와 비슷하게 이란인과 결혼해 이주한 한국인이 있다. 그리고
모두 그 존재를 쉬쉬하지만, 이슬람 국가인 이란에 개신교 선교
를 위해 입국한 선교사도 왕왕 있었다.

우리나라 면적의 약 14배가 넘는 큰 땅에 200명 남짓한 한국인 사회. 그러니까 테헤란의 한국인 커뮤니티는 참 좁다. 좁아서 서로 모르는 사람이 없다. 그중에서도 유학생은 가장 수가 적다. 내가 있을 당시 한국인 유학생은 단 3명밖에 없었다. 좁은 한국인 사회에서도 유독 수가 적은 유학생으로 살아가는 게 쉬울 리 없었다. 하지만 장점도 그만큼 있었다. 그중 하나가 일거리를 얻기 쉽다는 점이다.

광대한 기회의 땅에 오직 3명밖에 없는 유학생은 테헤란 주재 한국 회사의 모든 통역 업무를 맡았다. 들어오는 일을 마다하지 않으면 꽤 짭짤한 수입을 올릴 수 있어서 석사 학비나 생활비 걱정을 할 필요가 없었다. 어느 나라의 유학생이 이렇게 좋은 기회를 독점할 수 있을까? 지금 떠올리면 학생으로서 그런 기회를 가졌던 것은 정말이지 행운이라고밖에 말할 수 없다. 경험과 네트워크를 한 번에 쌓을 수 있었으니 말이다.

이처럼 이란 유학생은 자동으로 통·번역 프리랜서로 일하는 환경이어서 나도 대학원 공부를 하는 내내 일을 했다. 어떨 때는 일이 너무 많아서 다른 친구들(그래봤자 다른 유학생 2명)에게 일을 나눠주기도 했는데, 그래서 별명이 일 물어다주는 '어미새'였다. 내가 있었을 2013~2015년 당시에 통역비는 1일 150달러였는데, 한국에 오기 전에는 가격이 급등해서 300달러까지도 올랐던 것으로 기억한다. 그만큼 일이 많아졌고, 일할 수 있는 사람은 적다는 것을 의미한다.

테헤란 현지 사회는 만성적으로 인력 부족 상태다. 새로운 유학생은 곧바로 교민들과 주재원들이 공유한 통·번역 가능자 리스트에 업데이트된다. 통·번역 대학도 없고, 이란어 통역사라는 전문적인 직업이 형성돼 있지 않은 이 분야에서는 그냥 '이란어과' 학생이면 사실상 이란어 통·번역사로 활동할 수 있는 자격이 주어지는 건지도 모른다.

교민들도 마찬가지다. 전문성보다는 "내가 이란에서 몇 년 살았는데…"가 하나의 자격이 된다. 그리고 누구도 그것에 이의를 제기할 수 없다. 그래서 누구든지 전문가를 자처한다. 누가 일을 잘하는지 못하는지 판단할 수 있는 기준도 전혀 없다.

좁은 바닥의 실세

보이지 않는 테헤란 현지 통·번역 시장의 실세는, 그러니까 일거리를 꽉 쥐고 있는 사람은 주로 이란에서 게스트하우스나 여행사를 운영하는 한국인 사장들이었다. 주로 중년 여성들이었는데, 그들만의 네트워크가 이미 견고하게 형성돼 있었다. 낯선 환경에서 자신의 분야를 개척했다는 점에서 그들을 존경했지만, 그렇다고 그들을 '이란어 혹은 이란어 통역'의 전문가로 볼 수는 없었다.

나는 이란 혹은 이란어와 관련된 전문 시장이 비전문가에 의해 주도된다는 점에 의문을 느끼곤 했다. 한국인 사장들은 학생들을 자신이 잠깐 고용해서 쓰는 '아르바이트생'으로 여기는 듯했다. 한국에서 일을 구할 때도 느꼈던 모순이 여기에서도 똑같이 반복되고 있던 것이다. 한국에서 통·번역 일을 하려면 대학 행정 담당자에게 배정받아야 했듯이, 이곳의 일도 사장님들에게 배정받아야 했다.

이란어 통·번역을 전문적으로 배울 학교가 없다는 사실이 이 시장을 비전문가의 영역으로 만들었다는 생각이 들었다. 당연히 이란어 전공자들은 이 분야를 계속 공부하고 싶어도 현실적으로 생계가 보장되지 않기 때문에 포기하게 된다. 이 무한 반복의 사이클은 개교 이래로 계속되는 듯 보였다. 누군가가 그 고리를 깨뜨려야 한다고 이란에 와서 확신하게 됐다.

작은 일부터 변화시키기

사이클을 깨기 위해서는 한국의 대학에서 그랬듯이, 중개인을 통하지 않고 내가 직접 일을 받아야 했다. 그러려면 무엇보다 나 자신을 알리는 일부터 해야 했다.

이란의 대학원에 와서 돈을 받고 일을 하면서부터는 스스로를 아르바이트생이라고 생각하지 않았다. 그리고 다른 사람들도 내게 일을 맡길 때 제대로 '일'하는 '전문가'와 협업한다고 생각하길 원했다. 이란에 유학 온 대학원생들은 늘 이란에 잠깐 머물다 가는 '객식구' 혹은 통역 일을 '아르바이트' 삼아 한다는 느낌이 있었기 때문이다.

나는 먼저 명함을 만들었다. 앞면에는 한국어, 뒷면에는 이란어로 '이란어 통역사 정제희'라고 적어 넣었고, 내 이메일과 전화번호를 새겼다. 그렇게 이란에서 내 인생의 첫 명함을 갖게 됐다.

이후 만나는 사람 모두에게 내 명함을 건넸다. 쑥스럽기도 했지만, 타인에게 명함을 전달하는 행위 자체만으로 마음가짐이 바뀌었다. 의식적으로 프로답게 행동하려고 노력하는 나 자신을 발견했다. 일을 대하는 태도가 그때부터 달라졌던 것 같다.

얼마 지나지 않아 내게 통역을 의뢰하는 전화가 끊임없이 걸려왔다. 나중에는 다른 여행사 사장들을 통하지 않고 직접 걸려오는 전화 비율이 더 늘기 시작했다. 일이 많아지면서 나뿐만 아니라 다른 유학생 두 명의 일거리를 중개해주기도 했고, 도리어 내가 한국인 사장들에게 일거리를 전해주기도 했다. 그렇게 일이 안정화돼갈 때쯤 한국으로 돌아간 뒤 맞이할 미래에 대해 고민하기 시작했다.

한국의 대학과 이란의 대학원에서 공부하는 동안 이란어 통·번역 분야 전문가와 시스템이 부족하다는 것을 느꼈다. 좀 더 나은 환경에서 일하기 위해서는 나부터 전문가가 돼야 했다. 학교까지는 세울 수 없더라도 스스로 공부할 수 있는 '연구소'를 차리면 어떨까 싶었다. 당시 함께 유학 중이던 주원과 우리는 '이란연구소'를 만들어야 하는 사명이 있다고 농담을 주고받았다.

이란어 시장은 일이 곧 연구이고, 연구가 곧 일인 분야다. 그 어느 분야보다 전문가가 필요하지만 전문가가 양성되기 힘든 시장이기도 하다. 프로가 없는 시장에서 누구 하나라도 '제대로' 하는 사람이 있으면 좋지 않을까 하는 계산이었다.

그때는 보다 나은 일을 위해 필요한 것이 연구소라고 생각했다. 그렇게 단순하게 '이란연구소'를 만들고 마음 맞는 후배 주원과 통·번역 일을 같이 하기 시작했다. 이란연구소는 지금 우리가 창업한 '이란아토즈'의 모태인 셈이다.

인생에 한 번,
운명을 바꾼 순간

내가 노력해온 것을 인정받았다는 느낌,
나의 가치를 알아보는 사람이 있다는 사실은 내게 큰 힘이 됐다.

기회는 우연히 온다

이란의 대학원에서 석사 과정을 준비할 때였다. 다른 유학생에
비해 유독 대학원 등록이 쉽지 않았던 나는 세 번째 시도 끝에
다행히 대학원 입학 신청서는 냈지만, 그러고서도 한참동안 학
생 비자가 나오지 않아 애를 태웠다.

그때 나는 계속된 실패와 거절에 지쳐 자존감이 바닥인 상태
였다. '난 뭘 해도 되는 게 없어'라는 생각에 그 학기 입학도 거

의 포기한 지경이었다. 다음 학기에라도 입학할 수 있기를 바라며 테헤란에서 시간을 죽이고 있을 무렵, 나에게 한 통의 전화가 걸려왔다.

"정제희 학생 핸드폰인가요?"

"네, 그런데요."

그 전화는 대우인터내셔널 테헤란 지사에서 걸려온 것이었다. 한국에서 아주 중요한 분이 테헤란을 방문하는데 통역을 부탁하고 싶다는 전화였다. 그 중요한 분은 해당 기업의 부회장님과 상무님이었다. 한국에서 아르바이트로 통·번역을 했던 이력을 듣고 내게 연락을 해온 터였다.

당시 나는 대기업의 부회장을 만나본 적도 없을뿐더러 상상조차 할 수 없었다. 텔레비전 드라마에서나 보던 무섭고 냉정한 이미지가 내가 생각하는 대기업 간부의 전부였다. 나와는 완전히 다른 세계의 높은 분이라고만 여겨졌다. 통·번역 아르바이트를 하며 열심히 공부하긴 했지만, 그런 높은 분의 통역 업무라면 분명 중요한 일일 텐데 과연 내가 잘할 수 있을까 자신이 없었다. 혹시 실수를 하면 어쩌나 걱정부터 몰려와 거절하고 싶었다.

당시 나는 무엇이든 준비가 제대로 되지 않으면 지레 겁을 먹고 아예 시도하지도 않으려고 했다. 게다가 비자 거절로 자존감이 낮아져 있던 상황이라 무조건 거절하려고 했었다. 그런데 그 어마어마한 통역 건을 수락하고야 말았다. 예전에 인연이 있던 주재원 사모님이 직접 나를 추천한 것이라 들었던 까닭이었다. 감사한 그 마음에 보답하고 싶었다. 다행히 비즈니스 통역이 아니라 테헤란 관광 통역이라고 해서 걱정이 조금 줄기도 했다. 아직 프로가 아니던 그때의 나는 책임이 무거운 비즈니스 통역이라면 당연히 거절했을 것이다.

할 수 있는 건 준비뿐

아무리 비즈니스 통역이 아니더라도, 이름만 대면 알 만한 대기업 부회장과 상무의 통역을 맡아야 한다는 사실에 긴장이 밀려왔다. 시간은 일주일 정도 남아 있었다. 불안한 내가 할 수 있는 일은 철저한 준비밖에 없었다.

　미리 일정표를 받아서 방문 계획이 있는 관광지부터 공부하기 시작했다. 다 가봤던, 내가 잘 안다고 생각했던 관광지도 하나씩 뜯어보니 모르는 것투성이였다. 일정표에 있던 '골레스턴 궁전'은 이전에 한 번 방문했을 때 '참 소담하고 예쁜 곳이구나' 하며 감상한 것이 다였다. 그런데 이를 다른 사람에게 소개해야 한다고 생각하니 막막해졌다. 테헤란 관광지에는 이미 익숙해진 줄 알았다. 그런데 막상 통역 안내를 앞두자 아는 게 아무것도 없는 것처럼 느껴졌다. 그날부터 발등에 불이 떨어진 듯이 밤샘 공부를 시작했다.

느려터진 인터넷을 연결한 뒤 궁전의 역사에 대해 찾아보고 공부했다. 골레스턴 궁전은 400년에 걸쳐 세 왕조와 얽힌, 테헤란에서 가장 오랜 역사를 자랑하는 건축물이었다. 유네스코 지정 세계문화유산이기도 했다.

통역과 안내를 동시에 해야 하니 건축물의 동선 체크도 필수였다. 사이트에 들어가 건물의 위치를 확인하고 건물 이름도 외웠다. 어느 정도 정보를 숙지하자 구체적인 이야기도 궁금해할 것이라는 예감이 들었다. 안내 책자에 나오는 정보만 알고 그칠 거라면 수행 직원의 설명만으로도 충분할 것이다. 그런데 굳이 현지 유학생을 가이드로 쓰겠다니, 분명 다른 이유가 있을 것이다.

'혹시 생생한 이란 이야기를 듣고 싶은 게 아닐까?'

결국 세 왕조의 역사와 궁전의 건축 양식마저 공부했다. 내가 찾을 수 있는 모든 관련 지식을 찾아 머릿속에 담으려고 애썼다.

마지막으로 일정표를 보면서 차를 타고 이동할 동선을 그려 봤다. 테헤란에 처음으로 방문하는 이들이라고 했다. 내가 테헤란에 처음 왔을 때가 떠올랐다. 테헤란의 이정표인 어저디타워, 회색빛 도시를 거니는 사람들, 사람들의 신기한 옷차림, 히잡을 쓴 여인들…. 내가 보고 느꼈던 테헤란의 첫인상과 궁금증을 떠올리며 다양한 이야깃거리를 준비해뒀다.

플러스알파가 가능하도록

일주일이 흐르고 드디어 통역 안내 당일이 됐다. 나는 미처 공부하지 못한 것에 대해 질문받을 경우를 대비해 만반의 준비를 했다. 먼저 평소 쓰지 않던 한국 핸드폰에 인터넷이 가능한 유심칩을 끼워 챙겼다. 잘 외워지지 않는 역사나 현대사 연대는 이미지를 캡처해 휴대폰에 저장해뒀다. 그러고도 모르는 게 있으면 모르겠다고 솔직히 말하자고 마음을 다잡았다. 호텔 로비에서 일행을 기다리는 내내 이마에서 땀이 흐르는 것 같았다.

부회장님과 상무님이 타고 있는 차 앞자리에 앉아 인사를 하는 것으로 일정이 시작됐다. 잔뜩 긴장한 채 인사했는데, 두 분은 내가 상상했던 무섭고 근엄한 드라마 속 회장님이 아니었다. 오히려 인자한 할아버지처럼 보였다. 긴장이 좀 풀리기 시작했다. 나는 테헤란을 조금이라도 더 많이 보여주고 싶은 마음에 끊임없이 말을 이어나갔다. 이것저것 설명하다가 미리 준비한 내용과 관련된 질문을 받으면 더욱 신이 났다.

"저 건물에 그려진 사람들은 누구죠?"

"저 건물들에 그려진 사람들이요? 어떻게 보면 조금 슬퍼 보이고 또 어떻게 보면 굉장히 당당한 영웅 같아 보이지 않으세요? 이슬람에서는 원칙적으로 우상 숭배가 금지돼 있지만 오랜 전쟁을 겪은 이란은 예외적으로…."

열심히 준비했지만 전문 안내인이 아닌 내 설명은 조금 어설 펐을 것이다. 하지만 두 분은 내 이야기를 그 어떤 청자보다 귀 담아들었다. 하루 일정을 마치면 녹초가 된 채 또 바로 그다음 날 일정을 열심히 준비했다. 그렇게 일주일이 흘렀다. 시간이 어떻게 갔는지도 모를 만큼 분주한 날들이었다. 그러나 분명 나에게 긍정적인 힘을 준 시간이었다.

대학원 등록을 위해서 이란에 왔지만 어쩌면 대학원에 다니지 못할지도 모른다는 불안감. 무엇하나 빼어난 능력 없이 어중간한 삶을 사는 듯한 스스로에 대한 불만. 이 모든 감정이 쌓여 바닥으로 치닫던 나의 자존감은 열심히 통역을 준비하고 실행하면서, 또 내 이야기를 경청해주는 사람들을 보며 차츰 회복됐다.

인정의 힘

일주일 동안 통역 안내를 마치고 마지막 식사 자리를 가졌다. 그
즈음에는 가벼운 사담을 나눌 수 있을 만큼 긴장을 풀었다. 자연
스레 나의 고민들을 이야기하게 됐다. 그 당시 이란에서 불확실
한 상황에 놓여 있던 터라 이것저것 할 이야기가 많았다. 의지할
어른이나 선배가 전혀 없는 타지 생활에서 상담할 수 있는 대상
이 생겼으니 약간 들뜨기도 했다.

"성공하려면 어떻게 해야 하나요? 결혼은 꼭 해야 할까요?"

지금 생각하면 다소 무례한 질문을 거침없이 쏟아냈다. 그런
데 내 건방진 질문에도 두 분은 좋은 말씀을 많이 해줬다. 식사
하는 내내 질문은 이어졌고, 한참 동안 여러 대화를 나눴다. 다
시 한 번 느끼는 거지만, 나같이 어린 학생이 하는 이야기도 허
투루 듣지 않고 조언을 아끼지 않은 분들께 참 감사하다. 그런
시간을 가질 수 있었다는 게 얼마나 큰 행운이었는지 모른다!

최근에는 유명인들과 함께 식사하는 이벤트를 경매에 부치기
도 한다. 2018년 온라인 경매에 올라온 워런 버핏과의 점심 식
사는 330만 달러에 낙찰되기도 했다. 세계적으로 성공한 유명
인사와 보내는 짧은 시간이 35억 원에 달하는 큰 가치를 가진
것이다. 그때 식사를 함께 한 두 분과의 시간 역시 나에게는 값

으로 매길 수 없을 만큼 소중한 경험이 됐다.

두 분이 한국으로 돌아갈 비행기에 오를 시간이 됐다. 마지막 인사를 나눌 때였다. 사람에게 일생에 한 번, 자신의 운명을 바꾼 순간이 있다면 나는 그 배웅의 순간이라고 주저 없이 말할 수 있다.

"제희야, 고작 일주일 동안 네가 일하는 걸 봤지만 넌 아주 크게 될 거다. 그러니 항상 바르게 살아라. 끝까지 노력하고 그러고도 안되면 나를 찾아와."

갑자기 눈물이 핑 돌고 목이 막혀서 아무 말도 할 수 없었다. 살면서 그런 말은 처음 들어봤다. 나를 인정해주는 말, 잘될 거라는 위로의 말. 뭐라고 대답해야 할지 잘 몰라서 "안녕히 가세요"라고만 했다. 감사하다는 인사조차 하지 못했다.

그저 어린 친구에게 전하는 가벼운 인사나 덕담에 불과했을지도 모른다. 하지만 그 말의 힘은 엄청났다. 내가 노력해온 것을 인정받았다는 느낌, 나의 가치를 알아보는 사람이 있다는 사실은 내게 큰 힘이 됐다. 불안한 시기, 나 자신을 믿지 못하던 시기라서 그 말이 더욱 절실하게 와 닿았는지도 모른다.

이후 나는 힘들 때마다 그 말을 동력 삼고 위로 삼아 버텼다. 요즘도 힘든 일이 있을 때면 두 분의 말을 떠올리며 '난 잘될 거야!'라고 주문처럼 읊조린다. 누군가에게 인정받는다는 것이 얼마나 크고 긍정적인 작용을 하는지 알게 됐다.

나만의 무기를
갈고닦는 것

장수에게 무기만큼이나 중요한 것이 또 있다면,
그것은 전쟁에 임하는 '자세'가 아닐까?
제아무리 훌륭한 장수도 철저한 준비가 없으면 전투에서 이기지 못한다.

'내'가 아니면 안 된다는 말

"여보세요. 여기 대우인터내셔널 테헤란 지사예요."

2016년이었다. 이란 핵 협상이 타결되고 첫 한국 정상 이란 방문이 이뤄진 해였다. 아마 이란과 관련된 일을 하는 모든 사람이 가장 바빴던 해였을 것이다. 나도 태어나 가장 바쁜 날들을 보내고 있었다. 이란 유학 시절 이후 약 4년이 흐른 바로 그 시점에 대우인터내셔널 테헤란 지사에서 전화가 걸려온 것이다.

4년 동안 많은 것이 바뀌어 있었다. 잔뜩 주눅 들어 있던 대학원생 정제희는 공부를 마치고 한국에 돌아와 한 회사의 대표가 돼 있었다. 그 당시 대우인터내셔널 간부의 통역 경험에서 자신감을 얻어 이후로도 다양한 분야의 통역 일을 계속할 수 있었다. 덕분에 지금의 내가 됐다는 생각에 감회가 새로웠다.

"네, 반갑습니다. 그런데 무슨 일이세요?"

"이번에 저희 사장님이 테헤란에 오시거든요. 정제희 대표께 수행 통역을 부탁드리고 싶어요."

"죄송해요. 전 그 기간에 이미 다른 곳이랑 계약이 돼 있어요. 다른 적합한 분을 소개해드릴게요."

"다른 분은 안 돼요. 사장님이 정제희 대표 아니면 안 된다고 했어요. 정제희 대표 못 데리고 오면 저 잘려요."

담당자는 다급하게 말했다. 감사하지만 난처한 상황이 됐다. 당시 나는 한국-이란 양국의 첫 공식 문화 행사인 문학 행사 통역을 맡고 있었다. 정말 참여하고 싶었던 행사였기에 이미 다른 몇 개 기업 임원진의 수행 통역을 거절한 상태였다. 통역 의뢰를 정중히 거절할 수밖에 없었다.

"죄송해요. 이번에는 제가 할 수 없어요. 정말 죄송합니다."

며칠 후 같은 번호로 또 전화가 왔다.

"사장님이 꼭 정제희 대표여야 한답니다. 다른 사람은 절대

안 된대요."

담당 직원의 목소리는 그때보다 더 급하고 난처하게 들렸다. 이란에서 열리는 행사 기간이 가까워진 시점이었던 것이다. 나는 담당 직원과는 이야기가 안 되겠다 싶어 사장님께 직접 연락했다. 이미 내가 맡은 일에 차질이 생겨서는 안 되는 상황이었다.

"사장님, 안녕하세요. 저 제희인데요…."

"다른 사람은 절대 안 돼! 이번에 회장님이 가시거든. 네가 통역을 해줘야 해, 무조건!"

사장님은 내가 이야기를 꺼내기도 전에 무슨 일 때문에 전화를 걸었는지 잘 알고 있었다. 그러고는 내가 더 이상 거절할 수 없게 단호한 말만 남긴 채 전화를 끊었다.

방법을 찾아서

이런 적은 난생처음이어서 정말 난감했다. 문득 4년 전 일이 떠올랐다. 아무것도 할 일이 없었을 때 나를 찾아줬던 아주 고마운 통역 의뢰 전화. 그리고 내가 힘들 때마다 버틸 수 있게 해줬던 인정의 말 한마디. 그때 만난 분들 덕분에 내가 지금까지 이란어 통역을 할 수 있었다. 많고 많은 사람 중, 내가 아니면 안 된다고 말하는 의뢰인이 있다니 감사하고 행복한 일이었다.

　방법을 찾기로 했다. 겹치는 일정 하루가 문제였다. 문학 행사 마지막 날이 대우인터내셔널 일정 첫날과 겹쳤다. 먼저 문학 행사 측에 마지막 날 통역 담당자를 바꿀 수 있을지 양해를 구해봤다. 역시 문학 행사 담당자는 단칼에 거절했다. 그분 입장에서는 당연한 일이었다. 결국 마지막으로 대우 측에 사정을 이야기하고 거절하자 싶어 연락했지만, 반드시 내가 통역을 해줘야만 한다는 간곡한 부탁만 돌아왔다. 계약을 위반하게 돼 위약금이 필요하다면 비용을 대겠다는 말까지 했다. 내가 아니면 안 되고, 다른 사람은 믿을 수 없다는 의뢰인의 태도는 강경했다. 문학 행사 담당자와, 통역 의뢰인 모두가 만족할 만한 대안을 찾아야 했다.

　문학 행사 통역은 주원과 내가 2인 1조로 맡은 일이었다. 마지막 날 행사에서는 내 몫의 통역을 주원이 하고, 주원의 자리에는 다른 믿을 만한 통역사로 대체하면 어떻겠냐고 제안했다. 주원은 처음부터 나와 함께 행사를 준비하고 작업했기에 중간에 다른 통역사로 교체돼도 연속성 있게 일할 수 있었다. 문학 행사 측은 고심 끝에 내 제안을 받아들였다. 그렇게 나는 4년 만에 대우인터내셔널의 이란 현지 통역을 다시 맡게 됐다.

전투에 임하는 장수의 자세

문학 행사가 끝나자마자 숨 고를 틈도 없이 테헤란으로 향했다. 대기업 임원진의 수행 통역은 이란 전역을 돌며 진행해야 했다. 그사이 이란의 주요 관광 도시인 이스파한과 쉬러즈를 방문하는 일정도 있었다.

이스파한에는 자얀데 강이 흐른다. 강 위로 뻗은 다리가 참 아름다운데, 그중 대표적인 다리가 '시오세폴 다리'다. 시오세는 이란어로 33을 뜻한다. 33개의 아치가 있어 붙은 이름이다. 강을 따라 걸으며 공부해온 시오세폴 다리의 역사에 관해 설명을 하고 잠시 앉아 쉴 때였다. 과묵한 회장님이 나에게 처음으로 질문을 하시는 게 아닌가.

"다리 아치가 33개인 이유가 무엇이지?"

아차! 철저히 준비한다고 했는데 아치가 33개인 이유에 대해서는 미처 알지 못했다. 솔직히 말할 수밖에 없었다.

"아치가 33개인 이유는 잘 모르겠어요."

"상관없어. 그냥 네 의견을 이야기해봐. 왜 33개로 지었을 것 같아?"

통역사로서 준비해온 설명을 최대한 정확하게 전달하는 일에는 익숙했다. 하지만 내 주관적인 의견을 말하는 것은 늘 서툴고 어려웠다. 게다가 통역 업무 중 나의 의견을 물어본 사람은 없었기에 당황스럽기도 했다.

"아, 그게…."

"책이나 인터넷에 나와 있는 것 말고, 네가 보고 느낀 네 의견도 중요한 거야."

"음, 3은 사람들이 보통 완전한 수로 여기잖아요. 미학적으로나 문화적으로 뛰어난 이란 사람들은 이 다리를 지을 때 가장 완벽하고 아름답게 짓고 싶었을 것 같아요. 균형미를 갖춘 튼튼한 다리로요. 그래서 아치가 33개인 게 아닐까요?"

실제로 시오세폴 아치가 33개인 이유로는 두 가지 설이 있다. 하나는 그루지야 왕국의 알파벳이 33개여서 그렇다는 설, 다른 하나는 원래 40개로 지어졌는데 홍수에 7개가 유실되어 33개가 남았고 그것을 그대로 두었다는 설이다. 결과적으로 나의 답은 틀렸지만, 내 답을 들은 회장님은 아무 말도 하지 않았다. 그저 고개를 끄덕이며 웃을 뿐이었다.

통역사가 언어를 잘 구사해야 하는 것은 당연하다. 전쟁에 나가는 장수에게 제일 중요한 것은 무기이고, 그 무기를 갈고 닦아야 함은 너무나도 당연한 이치다. 나에게 무기는 이란어다. 그래서 요즘도 매일 빼먹지 않고 이란어 공부를 하며 나의 무기를 갈고닦는다.

장수에게 무기만큼이나 중요한 것이 또 있다면, 그것은 전쟁에 임하는 '자세'가 아닐까? 제아무리 훌륭한 장수도 철저한 준비가 없으면 전투에서 이기지 못한다. 사실 임원진 통역 수행 업무를 맡기 전에 사장님으로부터 회장님이 평소 역사에 관심이 많으니 이란 역사 공부를 해오라는 과제를 받았다. 일정표를 보니 내가 방문할 두 도시는 이란의 대표적 관광지였다. 역사며 문화며 알아야 할 정보가 넘쳐나는 곳이었다. 문학 행사 통역 업무로 바쁜 와중에도 밤샘을 하며 수행 준비를 했다. 일정이 시작된 이후에도 새벽까지 역사와 문화 공부를 하느라 잠을 이루지 못했다.

열심히 준비하고 최선을 다해 공부해도 놓치는 것이 있을 수 있다. 하지만 이제는 단순히 정보를 미리 숙지하고 전달하는 데 그치지 않으려 한다. 회장님이 갑자기 던진 질문을 언제나 떠올리며, 나의 의견을 똑바로 말할 수 있도록 교양을 쌓는 공부도 게을리하지 않고 있다. 나는 이제까지 내가 그저 운이 좋은 사람인 줄만 알았다. 물론 난 정말 운이 좋은 사람이다. 그러나 운이라는 씨앗이 싹틀 수 있도록 토양을 다진 사람도 나다. 내게 온 기회를 잡아 최선을 다해 준비하는 자세에 대해서는 자부심을 가져도 되지 않을까?

바람에 흔들리지 않는
중심 잡기

중요한 점은 붐이나 유행에 휩쓸리지 말고
환경이 변해도 지속할 수 있도록 중심을 잡는 일이다.

변화의 바람에 올라타기

우리나라 대학 외국어과의 진학 선호도와 입결 성적을 보면 해
당 나라의 현재와 미래를 어느 정도 점쳐볼 수 있다. 우리나라
에 하나밖에 없는 한국외대 이란어과에는 지금까지 전해져오는
슬픈 전설이 하나 있다. 그 전설은 화자에 따라 디테일이 조금씩
다르지만 언제나 한결같은 도입부로 시작한다. "이란이 개방되
기만 하면 말이야…" 하고 이야기하는 사람들의 얼굴에는 기대

감이 가득하다.

이란은 1979년 이슬람 혁명 이후 넘치는 부와 영광을 누리던 호시절을 뒤로하고 중동의 맹주 자리를 사우디에 빼앗겼다. 이후 현대사에서 가장 긴 전쟁으로 기록된 이란-이라크 전쟁을 겪으며 황폐해졌다. 이란의 개방은 전적으로 미국과의 화해에 달려 있다. 이란 사람들 입장에서 보면 많은 것을 포기하고 핵 합의를 통해 미국의 제재를 끝내는 것이다. 그런데 그게 과연 가능할까? 흥선대원군의 쇄국정책에 가까운 단호하고도 보수적인 신정 통치를 30년 가까이 하고 있는 이란을 봤을 때 전혀 불가능한 일이라고만 생각했다.

이란 개방에 회의적이었던 나에게는 어떤 일을 선택하는 데 있어서 이란의 개방이 그렇게 중요한 요소는 아니었다. 실제로 이란 유학을 결심할 때도 이란이 개방될 걸 고려한 선택은 전혀 아니었다.

그런데 2015년 이란에 급격한 변화가 일어나기 시작했다. 질질 끌던 이란 핵 협상이 타결됐고, 이란은 기회의 땅으로 다시금 주목받았다. 전화통에 불이 났다. 이란 현지 분위기가 어떤지 물어보는 지인도 있었고, 또 앞으로 어떻게 전개될지 묻는 관계자도 많았다. 그때마다 나는 이렇게 대답했다.

"글쎄요…. 어떻게 될까요? 저도 궁금하네요!"

2016년 한국에 완전히 정착한 나는 이 흐름을 타서 매일 이란어 통역이며 번역 의뢰를 받았다. 당시 박근혜 전 대통령이 1962년 수교 이래 처음으로 이란에 국빈 방문한다는 소문이 돌면서부터는 매일 5통이 넘는 업무 의뢰 전화를 받았다. 그중 절반가량은 맡아 진행했다. 몸이 두 개라도 모자랄 지경이었다. 어떻게 내 번호를 알고 전화했을까 궁금해서 물어보면 알음알음 지인의 소개를 받아 전화한 것이라고 했다.

이란에 관한 다큐멘터리 제작도 호황이었다. '사람들이 이렇게 이란에 관심이 많았나?' 어리둥절할 정도였다. 거의 모든 방송국에서 이란 관련 다큐멘터리를 제작했고, 나는 그 대부분의 번역 작업을 했다.

내실 없는 변화의 결말

한국 기업들은 이란의 개방에 대비해 너나 할 것 없이 이란 시장 진출 계획을 세웠다. 덕분에 나는 정말 하루도 쉬지 못한 채 2016년 상반기를 보냈다.

2016년 5월 한국 대통령이 최초로 이란에 국빈 방문할 때, 나는 프리랜서 통역사로서 한 기업과 계약을 맺고 이란 출장길에

올랐다. 테헤란에 도착하니 유학생 시절에 일하던 것과는 또 다른 느낌이었다. 제2의 고향이라고 할 수 있는 테헤란도 새롭게 보였다.

테헤란은 새로운 시작에 대한 흥분으로 물들어 있었다. 가는 곳마다 이란 국기 옆에 태극기가 나란히 걸려 있었다. 나는 양국 간 첫 공식 문화 행사인 문학 교류 행사에서 한국의 유명 시인들과 함께 통역사로 일했다. 또 포스코 권오준 회장과 함께 에스파헌, 쉬러즈로 또 다른 출장을 가기도 했다. 나의 커리어에 아주 중요한 반환점이 돼준 일정이었다. 그때 본 이란의 또 다른 가능성이 한국에 돌아와서 바로 이란아토즈를 만든 계기가 됐으니까!

넘치는 일복에 기쁘기도 했지만 때로는 왠지 모를 씁쓸함이 일었다. '선행된 교류 없이 이토록 성급하게 진행된 비즈니스가 좋은 결실을 맺을 수 있을까?' '도도하고 콧대 높은 이란 회사에 한국 회사들이 너무 양보하고 퍼주기만 하는 것은 아닐까?' 걱정이 된 것이다.

한국의 많은 기업이 이란 기업과 MOU(양해각서)를 체결했다. 이란 관련 비즈니스는 앞으로 꽃길만 걸을 것 같았다. 하지만 언제나 삶은 예측하지 못한 변수들로 가득한 법. 박근혜 전 대통령은 탄핵됐고, 그의 이란 외교는 이후 많은 문제점을 드러냈다.

내가 통역했던 큰 규모의 계약 건 중 MOU 이후 실질적인 계약으로 이어진 사례는 없었다. 아마도 수많은 한국 회사가 피해를 봤을 것이다. 실제로 그때 급하게 뛰어든 대부분의 회사들은 별 성과를 얻지 못했다. 지금까지 이란과 꾸준히 거래를 하는 회사들은 이런 정치적 상황과는 별개로 예전부터 꾸준히 교류를 가져왔던 회사들뿐이다.

게다가 미국 트럼프 대통령이 당선돼 이란 핵 합의의 문제점을 지적하고 이란의 핵 합의 이행에 연일 브레이크를 걸면서 자연스럽게 이란 붐은 사그라들었다. 2017년 겨울에는 한국-이란 관계가 역대급으로 위축되면서 통역 일 또한 줄었고, 나의 비즈니스도 급격하게 축소됐다.

주변 환경에 휘둘리지 않는 힘

그렇다고 이란을 선택한 것이 잘못된 선택이었을까? 나는 그렇게 생각하지 않는다. 처음부터 이란이 개방되기를 기대하고 시작한 공부가 아니었다. 일도 마찬가지다. 이란 개방과 정치적 상황으로 이란 붐이 일어나는 것은 비즈니스에 좋은 기회가 될 수 있지만, 오로지 그 붐에 편승해서 이익을 보려고 시작한 일은 아니었다.

이런 정치적 소용돌이와는 별개로 아주 오래전부터 이란 시장을 개척해온 많은 한국 회사가 있다. 그들이 우리의 진짜 고객이다. 정말 이란이 개방될 때, 양국 간의 관계가 더욱 친밀해지고 가까워질 때 나와 내 동료들, 그리고 우리 회사가 더욱 빛을 발할 거라고 믿는다.

이란의 개방과 한국-이란 간의 정치적 상황처럼, 어떤 일을 하든 내 힘으로는 어쩔 수 없는 부분이 있다. 이런 주변 환경은 스스로 통제할 수 없는 일이다.

중요한 점은 붐이나 유행에 휩쓸리지 말고 환경이 변해도 지속할 수 있도록 중심을 잡는 일이다. 여전히 나는 한국에 이란 관련 비지니스만을 전문으로 하는 회사 하나쯤은 존재해야 한다고 본다. 그렇기 때문에 앞으로도 지금껏 해왔던 것처럼 나만의, 우리 이란아토즈만의 일을 묵묵히 해나갈 것이다.

결정했다면
가장 먼저 시작하라

인생의 중요한 순간들을 돌이켜보니
나는 늘 안정보단 모험, 후회보단 실행을 선택했다.

일 벌이기의 달인

이란 출장 이후 업무는 날로 밀려들었다. 행복한 환호성을 지르
며 우직한 소가 밭을 갈 듯 일만 하는 날들이 이어졌다. 점점 더
일은 많아졌고 혼자 감당하기 버거워지는 상황까지 오게 됐다.
계속 혼자 일하기보다는 나와 뜻이 맞는 사람과 함께 일하고 싶
었다.

더 체계적으로 일하고 싶다는 욕심도 커져만 갔다. 활동 분야

를 넓히기 위해서도 회사 설립이 필요했다. 뛰어난 활약을 펼치는 멋진 프리랜서가 많지만, 노동시장에서 보호받지 못하는 프리랜서도 많았다.

무엇보다 아무래도 혼자는 너무 외롭고 막막했다. 다른 사람과 목표와 꿈을 공유하는 일은 정말 멋진 일이 아닐까? 이란 출장을 다녀오고 나서부터는 부쩍 '이란연구소' 생각을 자주 하게 됐다. 이란 유학 생활 중 주원과 둘이서 이란연구소를 만들었을 때는 꿈과 열정만으로도 정말 즐겁게 일했다. 정식 회사도 아니었는데 마치 회사를 운영하듯이 일했다. 이후 주원은 이란에 머물고 나는 한국에 돌아오면서 이란연구소는 자연스레 해체됐다.

이란연구소의 좋았던 기억과 전문적인 통·번역 시스템을 마련하려는 의지가 더 깊어지면서 회사를 만들어야겠다고 결심했다. 먼저 이란에 있는 주원에게 문자메시지를 보냈다.

"이란연구소를 좀 더 구체화해야겠어. 회사를 만들 생각인데 나와 같이 일하자."

주원은 꽤 오랫동안 답장하지 않았다. 그 마음을 충분히 이해하기에 답을 재촉하지 않다가 몇 주 뒤 메시지를 하나 더 보냈다.

"네가 같이 하지 않아도 나는 회사를 만들 거야. 하지만 네가 오면 정말 즐겁게, 잘할 수 있을 것 같아."

주원처럼 마음이 잘 통하고 척하면 척 손발 맞춰 일을 잘할 수 있는 친구는 찾지 못할 것 같았다. 그래서 주원의 연락이 늦어지자 불안해졌다. 그래도 더는 미룰 수가 없었다.

처음은 누구나 불안하다

'혼자서 회사를 만들자!'

결심이 섰다. 혼자라도 해봐야겠다는 굳은 마음으로 가장 먼저 한 일은 회사의 사명이나 비전을 만드는 것처럼 거창한 일이 아니었다. 단순히 사업자등록증을 발급받는 일이었다.

사업자등록증을 발급받기 위해 세무서에 갔더니 대기하는 사람들로 인산인해였다.

'세무서란 이렇게 복잡한 곳이구나.'

세무서에 처음 가본 나는 신기한 마음에 여기저기 눈길을 주며 구경을 시작했다. 가만히 앉아 관찰하니 크게 두 부류의 사람이 있었다. 개업신고서를 작성하는 사람과 폐업신고서를 작성하는 사람. 개업신고서를 작성하고 있는 사람들의 표정은 희망과 기대에 부푼 듯 밝아 보였다. 반면 폐업신고서를 작성하는 사람들은 쓸쓸해 보이고 뭔지 모를 우울함이 느껴졌다.

그 대조되는 표정과 몸짓이 갑자기 나를 불안하게 만들었다.

저렇게 우울한 모습으로 폐업신고서를 작성하는 사람들도 처음
에는 나처럼 희망차게 개업신고서를 작성했을 테지. 족히 30분은
넘게 앉아 순서를 기다리면서 마지막까지 스스로에게 물었다.

'회사를 차리는 게 과연 옳은 선택일까? 나도 낙담한 표정으
로 폐업신고서를 작성하게 되는 날이 오면 어쩌지?'

인생의 중요한 순간들을 돌이켜보니 나는 늘 안정보단 모험,
후회보단 실행을 선택했다. 물론 그래서 낭비한 시간도 많고 잃
은 것도 많다. 늘 기복이 심한 불안한 인생을 사는 것도 맞다. 하
지만 잘되든 안되든 그 선택 자체를 후회한 적은 한 번도 없었
다. 실패해도 언제나 값진 경험이 남았다. 지금 당장 사업자등록
증을 받지 않더라도 내가 계속 회사를 차리고 싶다는 생각을 하
는 한 언젠가는 하게 될 일임을 알고 있었다. 결국 불안함을 잠
재우고 씩씩하게 사업자등록 신청 서류를 적었다.

규정짓는 것의 힘

회사명에는 주원과 내가 이란에 있을 때부터 함께 고민해 고른
이란아토즈를 적어 넣었다. 이란아토즈는 조르단에서 커피를 마
시며 미래의 회사 이름을 고민할 때 지은 이름이었다. 이란의 모

든 것, 이란 진출을 위한 서비스를 A부터 Z까지 제공하겠다는 야심찬 포부를 담은 이름이다. 그때부터 내가 회사를 차리게 되면 이름은 이란아토즈로 해야겠다고 막연히 꿈꿔왔다.

그 이름을 정말 사업자등록 서류에 적게 되다니! 뭉클하기도 하고 신기하기도 하면서 또 걱정되기도 하는 복잡한 감정이 밀려왔다. 하지만 무엇보다 기쁨이 컸다. '꿈만 꾸던, 어렴풋이 그려만보던 회사 설립을 하게 되다니! 그럼 내가 대표가 되는 건가? 대표는 어떤 일을 하는 거지? 프리랜서와 어떻게 다를까?' 즐거운 질문이 뒤따랐다.

회사 이름 뒤 서비스 종목에는 '통·번역, 비즈니스 컨설팅, 출강'이라고 적어 넣었다. 프리랜서로 항상 하던 일이지만, 회사의 업종이라고 생각하니 새롭게 다가왔다.

"회사 등록됐어요. 여기 사업자등록증입니다."

등록 절차는 간단했다. 어리둥절한 마음으로 사업자등록증을 갖고 세무서를 나왔다. 언제나 그랬듯이 이번에도 이렇게 아무 대책도 없이 나의 회사 이란아토즈가 덜컥 만들어졌다. 사업 계획도, 투자도, 미래 계획도 없었다.

사업자등록을 마치자 나도 모르게 했던 긴장이 풀리면서 갈증에 목이 탔다. 근처 커피숍을 찾아 아이스 아메리카노 한 잔을 주문했다. 커피를 마시며 인터넷 뉴스를 보고 있는데 신기하게도, 정말 거짓말같이 주원의 연락이 왔다.

"언니, 사실 많이 고민했어. 우리 같이 열심히 해보자."

진중하고 신중한 주원의 성격에 그동안의 고민과 결심이 고스란히 담긴 문자메시지였다. 고맙고, 또 좋아서 눈물이 났다. 이제 정말 잘할 수 있을 것 같았다. 내 인생에서 가장 큰 변화가 시작되고 있었다. 그렇게 2016년 6월, 우리나라 최초의 이란어 전문 통·번역 회사 이란아토즈가 탄생했다.

잃을 게 없어도
실패는 두렵다

제로베이스에서
출발하기

조금 어렵게 가면 어떤가. 이것저것 부딪히면서 해결책을 찾는 과정이
훗날 새로운 프로젝트를 성공시킬 자산이 될 것이다.

진짜 회사를 만드는 일

"어떤 일부터 해볼까? 통·번역은 아무래도 일이 있을 때, 없을
때 편차가 있잖아. 좀 더 안정적인 사업 기반이 필요해."

회사를 만드는 건 누구나 할 수 있는 쉬운 일이다. 등록만 하면
되니까 말이다. 장밋빛 기대에 부풀어 회사를 설립하긴 했지만
가진 거라곤 달랑 사업자등록증 한 장뿐이었다. 사업자등록 후
그 종이 한 장을 기반으로 눈에 보이지 않는 '사업'을 실체화시키

는 게 진짜 어려운 일이었다. 그리고 그 작업이 바로 '회사를 만드는 것'의 참뜻임을 그제야 알게 됐다. 만약 이렇게 어려운 일인지 알았다면 선뜻 시작하지도 못했을 것이다. 몰랐기 때문에 용감하게 회사를 차렸고 신나고 재밌게 꾸려갈 수 있었다.

본격적으로 회사를 차리고 나니, 어떤 일을 해서 회사를 꾸려 나갈지 고민이 시작됐다. 프리랜서 때 주로 하던 통·번역은 가장 쉽게 할 수 있는 업무였지만 비정기적인 게 흠이었다. 사업을 지속적으로 끌어가려면 안정적인 기반이 돼줄 사업 아이템이 필요했다. 규모가 큰 아이템으로는 컨설팅이나 기업 출강이 있었지만 전문적인 일이라 우리도 좀 더 공부가 필요했다. 회사가 자리를 잡고 경험을 쌓아야 가능한 서비스였다.

그때 생각한 것이 교습업이었다. 사업자등록을 할 때 이란어로 할 수 있는 모든 업종을 다 등록했는데, 그중 교습업도 있었다. 일반인을 대상으로 학원처럼 이란어를 가르치는 일을 할 수 있지 않을까?

"굉장히 좋은 아이디언데? 이란도 알릴 수 있고, 회사 홍보도 될 것 같아. 대부분의 사람들은 이란을 굉장히 먼 나라라고 생각하잖아. 아랍어랑 같은 언어인 줄 아는 사람도 있고 이란어를 가르치는 학원도 없고 말이야."

이란어는 우리나라에서는 외대가 아니면 배울 수 있는 곳이 없다. 이란어를 배우고 싶어도 배울 곳이 없어서 배우지 못하는 사람이 분명 있을 거라고 생각했다. 우리 둘 다 이란어 과외를 오래 했기에 자신 있기도 했다.

그런데 과연 몇 명이나 올까? 영어나 중국어처럼 보편적이지 않은 언어, 배우지 않아도 삶에 아무런 지장이 없는 언어를 취미로, 그것도 돈을 내고 배우려는 사람들이 있을까? 아직 이란에 있는 주원과 밤새 메신저로 아이디어를 주고받았다.

구체적인 계획이 없었고 관련 시장에 대한 정보도 거의 전무한 상태에서 덜컥 회사를 만들었기 때문에 해야 할 일도 알아볼 것도 많았다. 이제부터가 진짜 시작이었다. 매일이 전쟁이었다. 회사 계좌와 신용카드를 개설하고, 회사 로고며 홈페이지도 만들어야 했다. 이런 부차적인 일보다 근본적으로 중요한 사안은 회사를 어떤 방향으로 운영할지 세부적인 계획을 세우는 것이었다. 우리는 메신저로 매일 다양한 아이디어를 쏟아냈다.

비빌 언덕 만들기

"이윤이 없는 회사는 회사가 아니다."

책에서 본 이 문구가 머릿속에 아주 또렷하게 각인됐다. 맞는 말이다. 회사는 일을 하고, 수익이 있어야 존재할 수 있다. 고백하건데, 이익보다 가치를 목적으로 세워진 우리 회사는 힘들 때가 많았다.

이란아토즈의 시작은 수익 추구와 거리가 멀었다. 이란이라는 나라를 제대로 보여주고 이란 문화도 알리고 싶었다. 전문적인 이란어 통·번역 서비스를 제공하고 나중에는 컨설팅 서비스와 기업 출강까지 범위를 넓혀서 이란과 한국의 민간 가교 역할을 하자는 목표와 꿈이 있었다. 무엇보다도 그냥 이란이, 이 일이 좋았다. 실현 불가능해 보일지 모르지만 우리는 진정으로 꿈을 이루고 싶었다. 이란아토즈 같은 회사가 한국에 하나쯤은 있어야 하지 않을까? 힘들 때마다 우리 회사의 존재 이유를 그렇게 정당화하기도 했다.

첫 시작은 더욱 의미 있는 일로 해보고 싶었다. 통·번역 일은 이란과 한국에서 꾸준히 하고 있었으니 그 고객들이 이란아토즈로 유입될 거라고 생각했다. 내 고객뿐만 아니라 함께 회사를 시작한 주원의 고객까지 자연스럽게 이란아토즈로 유입될 것이다.

하지만 통·번역 일은 노력과 홍보만으로 자리 잡기 어려운 분야다. 경기를 타고, 한·이란 관계의 영향도 많이 받는다. 더 나아가 미국의 대 이란 정책에 따라서도 일거리가 있었다가 없었다가 한다. 실제 2017년 트럼프 미 대통령 당선 후 일이 눈에 띄게 줄었다. 물론 모든 사업이 그렇겠지만 워낙 시장 자체가 작은 이란어 통·번역은 그 부침이 더 심하다.

회사를 운영하려면 안정적인 수입원 하나쯤은 있어야 했다. 여러 가지 상황을 종합해본 결과, 우리 회사의 첫 번째 업무는 '일반인을 대상으로 하는 이란어 수업'으로 결정됐다. 매달 꾸준히 이란어를 배우러 오는 회원이 있다면 회사를 유지하며 다른 일도 할 수 있을 것 같았다.

쉽게 가지 않아도 괜찮다

그런데 이란어 수업은 대체 어디서부터 어떻게 시작해야 할까? 우리가 능동적으로 선택한 일, 이란어 강습! 그래서 시작이 더 뜻깊게 느껴졌다. 거의 매일 밤을 뜬눈으로 교재를 만들고도 마냥 즐거웠다. 매일 이란어 수업 진행 방향에 대해서 주원과 메시지를 주고받았다. 이란어 수업은 이란아토즈의 첫 번째 프로젝트이므로 프로젝트 자체에 이름을 붙이고 싶었다.

"뭐가 좋을까?"

"천재 영어처럼 천재?"

"천재는 이란어로 '너베게'잖아. 어감이 웃겨."

"진짜 어렵다. 이란어는 사람들한테 너무 낯선 언어잖아."

"맞아. 이란어로는 뜻이 좋아도 사람들은 전혀 낯설게 느낄 거야."

"그냥 '쌀럼' 어때? 만날 때마다 하는 인사 쌀럼! 이란어 인사이기도 하고, 뭔가 만나서 반갑다는 느낌이 들잖아. '샬롬'이나 '아쌀람 말라이쿰' 같은 간단한 인사말은 잘 알려져 있기도 하고 말이야."

"괜찮다, 그 이름. 사람들이 이란을 처음으로 만나는 창구 같은 느낌도 들어. 이란과의 첫 만남인 거지."

이란아토즈의 첫 프로젝트인 이란어 수업의 이름은 '쌀럼 이란어'로 결정됐다. 우리는 이런 식으로 쉽게, 별다른 의견 충돌 없이 이름을 결정하고 일을 진행했다. 하지만 쌀럼 이란어 프로젝트의 진행이 마냥 순조로운 건 절대 아니었다.

사실 우리에겐 당장 사무실을 구할 돈도 없었다. 온라인 홈페이지 제작 가격을 알아보니 그 역시 우리가 지출하기에는 부담스러운 금액이었다. 제로베이스에서 시작한 우리 사업은 아주 간단한 일조차 난관투성이였다. 당시 주원과 내가 자주 내뱉는 바람에 우리만의 유행어가 돼버린 말이 있다.

"역시 쉽게 가는 법이 없는 이란아토즈."

우리는 늘 상상하는 것 이상의 고생을 사서 했다. 어떤 일이건 한 번도 쉽게 넘어가 본 적 없는 우리가 스스로를 놀리는 말이었다. 재밌는 건 막막한 일이 생겨서 치열하게 고민하다가도 "역시 쉽게 가는 법이 없는 이란아토즈"라고 얘기하면 누가 먼저랄 것도 없이 웃음이 터졌다. 그러고는 또 자기의 자리에서 일을 시작했다.

'이 또한 지나가리라'는 말이 있다. 제아무리 과정이 힘들고 어려워도 그것은 과정일 뿐이다. 우리가 할 수 있는 일은 모두 다 해보겠다는 각오로 덤벼들었다. 그리고 우리는 여러 번의 도전과 경험을 통해 비록 돌아가더라도 결국 우리가 해결책을 찾아낼 수 있다는 믿음을 갖게 됐다. 그 믿음은 우리가 이란아토즈의 다른 사업을 시작할 때도 겁먹지 않고 실행할 수 있는 심리적 토대를 만들어줬다. 모든 것은 생각하기 나름이었다. 조금 어렵게 가면 어떤가. 이것저것 부딪히면서 해결책을 찾는 과정이 훗날 이란아토즈의 새로운 프로젝트를 성공시킬 자산이 될 것이다.

인생은 대안 찾기의
연속이다

내가 갖지 못한 것을 부러워하면서
시간을 낭비하기보다는 부지런히 대안을 찾았다.

진짜 현실 마주하기

이제는 어엿하게 독립된 학원으로 운영되는 쌀럼 이란어지만 처음 시작할 때는 '쌀럼 이란어 프로젝트'라는 이란아토즈의 사업 청사진 중 하나였다. 쌀럼 이란어 프로젝트를 시작했을 때 했던 고민과 선택들이, 사실은 이란아토즈라는 회사를 실체화하려는 시도였음을 나중에서야 알게 됐다.

내가 가장 먼저 했던 일은 우리의 상황을 최대한 냉정하게 바라보고 그 안에서 가장 좋은 것을 선택하는 것이었다. 꿈을 꾸는 것도 좋지만 이제는 진짜 회사를 운영해야 하니까 말이다. 달콤한 꿈에서는 빨리 깨면 깰수록 좋을 것 같았다.

자, 이제 그다음은 뭐가 필요할까? 통역은 따로 장소가 필요 없고 외부에서 일을 한다. 번역은 각자 조용한 곳에서 집중하는 게 훨씬 더 능률적이기 때문에 당장 공간이 필요하지 않다. 하지만 쌀럼 이란어 프로젝트는 그렇지 않았다. 강의를 준비하고 강의를 진행할 공간이 필요했다. 물리적인 공간뿐만 아니라 이제 막 설립된 쌀럼 이란어 강의와 우리 회사를 홍보할 수 있는 온라인 공간, 인터넷 플랫폼도 필요했다.

실제든 온라인상이든 공간을 구하는 게 가장 어려운 문제였다. 공간은 곧 자본을 뜻하기 때문이다. 자본이 많을수록 좋은 공간을 구할 수 있는 것은 명백한 사실이었다. 사무실을 알아보는데, 집값이 금값인 우리나라는 사무실 임대료가 상상을 초월할 정도로 비쌌다. 코딱지만 한 사무실 하나를 구하려고 해도 보증금 1,000만 원이 넘게 필요했다. 보증금만 낸다고 끝이 아니다. 사무실 월세는 또 어떻게 감당할 것인가.

우리에게 친숙한 일본어, 중국어와 같은 제2외국어와 달리, 이란어는 제3외국어 중에서도 우리나라에서 거의 다루어지지 않는 외국어다. 낯설고 또 낯선 이란어 수업을 듣기 위해 한 달에 몇 명이나 올지 감히 예상해볼 수도 없었다. 게다가 아직 이란어 학원이 존재하지 않는 상황에서 시장 정보가 있을 리 만무했다. 당장 사무실부터 구하는 건 너무 위험했다. 그래서 주의를 좀 돌릴 겸 홈페이지 제작 정보를 알아봤다. 그 역시 100만 원에서 1,000만 원까지 비용이 천차만별이었다.

'어휴 사무실은커녕 인터넷 상에 내 공간 하나 갖는 것도 쉽지 않구나!'

머리가 지끈지끈 아파왔다.

이가 없으면 잇몸으로

막연하게 사업을 구상할 때 상상했던 그림이 있었다. 강남 번화가에 화려하게 인테리어한 사무실을 만들고, 찾아오는 고객들을 우아하게 맞이하는 모습이다. 또 감각적인 디자인에 내 마음에 쏙 드는 홈페이지를 만들어 적극적인 온라인 홍보를 펼치는 상상도 했다. 하지만 이제 막 테스트 사업으로 이란어 수업을 시작해보려는 우리에게 홈페이지 제작 비용과 공간 임대 비용을 지불하는 건 현실적으로 힘들다고 판단했다. 게다가 주원이 한국에 오려면 아직 한 달이나 넘게 남은 상황. 나는 최대한 현실과 타협하고 초기 비용을 줄이는 방법을 찾기로 했다.

최고치의 불안정성을 가정해서 최대치의 안정성을 확보하는 것. 단계별로 차근차근 성장하고, 허황되게 남들의 속도를 쫓지 않는 것. 우리만의 성장 속도에 맞게 시장을 체험하면서 회사를 키워나가는 것이 시장의 '퍼스트 무버First Mover'라고 볼 수 있는 우리에게 가장 적합한 방식이었다.

강의 장소는, 만약 수강 인원이 모집된다면 인원에 맞는 공간 임대 서비스를 이용하기로 했다. 적은 금액으로도 잘 갖춰진 공간을 사용할 수 있어 우리에게는 안성맞춤이었다. 게다가 대부분 역세권에 위치하고 있어 접근성도 좋았다.

홍보는 홈페이지 제작 대신 무료로 이용할 수 있는 SNS를 활용하기로 했다. SNS를 이용하면 홍보 비용이 따로 들지 않을뿐더러 파급력도 더 클 것이라 생각했다. 페이스북을 즐겨 해온 터라 익숙했던 나는 페이스북에 회사 이름으로 계정을 만들었다.

우리 회사는 SNS의 덕을 톡톡히 봤다. 그간 취미 삼아 올렸던 내 이란 생활과 프리랜서 활동 포스팅이 홍보에 큰 도움이 됐다. 시간 때우기 용으로 재미 삼아 하던 페이스북이 이렇게 유용하다니! 수천 명이 넘는 페이스북 친구들이 자발적인 홍보 도우미가 돼줬다. 분에 넘치는 응원도 받았다. 모든 게 순조롭게 진행됐다.

부지런히 대안을 찾아라

페이스북 계정 하나 만들어놓고, 준비가 다 된 것같이 들떠 있었는데 막상 쌀럼 이란어 프로젝트를 시작하려고 보니, 회사 로고도 없고 홍보 이미지도 없었다. 결국 회사 로고와 홍보 이미지 역시 손재주가 좋은 지인을 통해 무료로 뚝딱 제작해 사용하고 말았다. '아니 대체 무슨 배짱으로 회사를 만든 걸까?' 지금 생각해도 그 무모함에 웃음만 난다. 이렇게 막무가내일 수 있었다니!

생각해보면 내 삶은 불안정과 모험의 연속이었지만 사업은 정반대의 일이다. 나는 누구보다 도전적으로 살아왔지만 또 누구보다도 겁쟁이기도 했다. 사업을 시작하면서는 정말이지 다양한 내 안의 나를 발견하게 됐다.

가끔은 넋두리를 할 때도 있었다.

"자본만 넉넉했더라면 고생을 하지 않았을 테고, 적어도 지금보다는 평탄하고 빠른 속도로 내가 바라던 회사의 형태를 만들 수 있었을 텐데…."

하지만 금방 생각을 고쳐먹게 된다. 정말 넉넉한 자본이 있었다면 온몸으로 부딪혀 얻은 우리만의 노하우나, 느리지만 조금씩 형태를 갖추고 성장해나가는 성취감을 절대 느낄 수 없었을 것이다. 물론 재미도 없었을 것이고 말이다.

내가 갖지 못한 것을 부러워하면서 시간을 낭비하기보다는 부지런히 대안을 찾았다. 가장 좋고 훌륭한 '최선'의 선택은 아닐지라도, 내 상황에서 가장 알맞은 '최적'의 선택을 하기 위해 애썼다. 적어도 내게는 그게 더 빠른 길이었다. 늘 그렇게 최적의 대안을 선택해서 운영됐기에 지금의 이란아토즈가 있는 게 아닐까?

임기응변의
힘

완벽하게 준비한 후에 시작하려고 하다가는
아무것도 하지 못한다.

거기가 이란어 학원 쌀럼 이란어인가요?

"꺄아!"

나도 모르게 함성을 질렀다. 처음으로 회사 번호로 전화가 걸려온 것이다. 공식적인 회사 업무로서의 첫 전화인 셈이다. 그것도 SNS에 쌀럼 이란어 수업 홍보 이미지를 올린 지 하루 만에 수업을 의뢰하는 전화가 오다니! 가뭄에 쩍쩍 갈라진 밭의 갈증을 단박에 해갈하는 단비와 같은 전화였다. 아직까지도 그때 전화 통화의 짜릿함과 설렘을 잊을 수가 없다.

프로젝트를 시작해보겠다고 홍보 이미지를 올리면서도 사실 반신반의했다.

'정말 될까? 아니, 수강생이 오는 건 고사하고 문의 전화라도 올까?'

홍보 이미지 업로드 전 마지막까지 문구들을 체크하고 이란에 있는 주원과 밤새도록 수다를 떨며 불안함을 떨쳐냈다. 홍보 이미지 업로드 버튼을 클릭하는 순간, 손가락 끝까지 불안한 마음이 잔뜩 실렸다. '업로드 완료'라는 문장이 화면을 채웠다.

이제 주사위는 던져졌다. 수강생이 오면 프로젝트를 계속하고, 혹시라도 수강생이 없다면 다른 프로젝트를 시도해보기로 했다. 하지만 수강생이 딱 한 명뿐이라도 우리는 쌀럼 이란어 프로젝트를 계속하기로 다짐했다. 누구든 이란어를 배우고 싶을 때 당장 찾을 수 있는 이란어 학원 한 곳쯤은 있어야 한다고 생각했으니까.

불안하고 또 설레는 마음에 다음 날 아침이 밝을 때까지 홍보 게시물의 조회 수만 보고 있었다. 생각보다 게시물 조회 수가 오르지 않았다. '진짜 망하는 거 아니야?' 하며 초조해했다. 작은 일 하나하나에 일희일비하는 가련한 순간이었다.

그날은 온라인 이란어 강의 동영상을 촬영하고 있었는데 촬영하는 내내 마음은 저 멀리 콩밭에 가 있었다. 마음 같아서는 하루 종일 게시물 조회 수만 확인하고 싶었지만, 할 일을 미룰 수는 없었다. 촬영 중에는 휴대전화를 무음 모드로 해놓기 때문에 혹시라도 문의 전화를 놓치진 않을까 전전긍긍했다.

촬영을 어떻게 했는지 기억도 나지 않는다. 촬영 중간 쉬면서 핸드폰을 서너 번씩 확인했다. 그러나 새 알림은 뜨지 않았다. 촬영에 집중이 되지 않아서 자주 쉬게 되었는데 마침 모르는 번호로 전화가 걸려왔다. 심장 뛰는 소리가 내 귀에 들릴 정도로 두근거렸다. 남들이 들으면 뭐 그 정도로 유난이냐고 하겠지만 정말 그랬다. 처음은 언제나 설레고 큰 의미를 가진다. 하물며 첫 사업, 첫 프로젝트의 첫 걸음마였는데 오죽 떨렸을까.

계획대로 되지 않아도

"페이스북 광고 보고 연락드려요. 얼마나 찾았는지 몰라요. 이란 어 학원! 이란어를 꼭 배워야 하거든요."

전화를 받자마자 들은 첫마디가 바로 이 말이었다. 그렇게 우리의 첫 고객이자 수강생인 서 대리와 통화를 하게 됐다. 그 목소리에 이란어 학원을 드디어 찾았다는 반가움이 묻어 있어 더

기뻤다.

우리의 첫 상담자 서 대리와 최 과장은 기초반을 등록하려던 게 아니었다. 그들은 LG전자의 이란 지역 전문가로 선발돼 곧 이란으로 출국하려는 목적이 있었다. 남은 기간은 2개월밖에 없었고, 그동안 집중적으로 공부해서 어느 정도 이란어를 말할 수 있게 된 뒤 이란에 가고 싶다고 했다.

사실 처음 쌀럼 이란어 프로젝트를 시작했을 때는 이란어 알파벳을 배우고 읽는 연습을 하는 '왕초보반' 한 개 과정만을 개설한 상태였다. 지금은 'Fun Farsi Step 1'이라는 세련된 이름이 있지만 그때는 그냥 정직하게 왕초보반이었다. 이들이 원하는 것은 지역 전문가로 활동할 수 있을 정도의 지식이었다. 우리가 준비한 이란어 왕초보반과는 목적도, 성격도 달랐다.

"외대에도 지역 전문가 과정이 있더라고요. 그거 대신 들어보고 싶은데 그런 커리큘럼도 있나요?"

서 대리가 물었다. '큰일났다. 어떡하지?' 우리는 이 첫 수강생을 무조건 등록하게 만들어야 했다. 어차피 왕초보반에 다른 수강생도 없었다. 첫 고객의 요구가 그렇다면 없는 과정도 만들어내는 게 인지상정! 불현듯 프리랜서로 일할 때 여러 기업의 이란 지역 전문가를 가르쳐본 경험이 떠올랐다. 그 순간 바로 대답했다.

"그럼요. 쌀럼 이란어에도 지역 전문가 과정이 있어요."

"다행이네요. 그럼 바로 등록할게요. 아 그리고 저 말고 한 분 더 있어요. 제가 조사 담당이거든요!"

그 후로도 꽤 긴 전화 상담 끝에 드디어 수강 신청을 하겠다는 답변을 받아냈다. 그것도 한 명 더 추가해 총 두 명이었다. LG 전자의 이란 지역 전문가 과정 수강생 두 명. 왠지 느낌 좋은 시작이었다.

일단 시작하면 그다음 길이 보인다

첫 달에는 우리가 처음 계획하고 홍보 이미지를 만들어 심혈을 기울였던 왕초보반 수강생은 한 명도 없었다. 하지만 임기응변으로 생각지도 못한 지역 전문가 과정 수강생이 생겼다. 이게 무슨 행운인가! 당장 커리큘럼을 만들어야 했다. 그날 일을 마치자마자 집으로 달려가 지역 전문가 커리큘럼을 짜기 시작했다.

쌀럼 이란어 지역 전문가 과정! 3개월 과정을 골자로 타이트하게 일주일에 두 번, 두 시간씩 진행되는 과정이다. 지금은 'Focus Farsi OPI'라는 이름으로 운영되는 꽤 인기 있는 과정이다. 그 커리큘럼이 3년 전 이렇게 시작됐다는 걸 누가 알까?

"수업은 언제 시작하고 싶으세요?"

"당장 이번 주 주말부터요. 가능할까요?"

"네. 물론이죠!"

전화가 온 건 수요일, 수업은 토요일이었다. 시간이 턱없이 부족했지만 이란아토즈 사전에 'NO'란 없었다. 쌀럼 이란어의 첫수업이 드디어 시작됐다.

우리가 계획한 왕초보반 프로그램만 고집했다면 쌀럼 이란어는 첫 달에 수업을 개시하지 못했을 것이다. 비록 계획대로 되지는 않았지만, 방향만 틀어 진행할 수 있는 일이었기에 일단 해보기로 한 것이다.

그렇다고 대충 위기를 모면한 것이 아니다. 오히려 단 두 명을 위한 맞춤형 커리큘럼을 만들었기 때문에 고객 만족도도 높았다. 결과적으로 성공적이었던 그 강의 덕분에 이란아토즈는 지금까지도 지역 전문가 과정을 운영하고 있다. 완벽하게 준비한 후에 시작하려고 하다가는 아무것도 하지 못한다. 완벽하지 않아도 좋다. 일단 시작하면 분명 그다음 길이 보일 것이다.

가장 아래층
벽돌 쌓기

모든 것을 하나하나 만들며 꾸려온 시기는 첫 번째 스테이지다.
완벽할 필요도 없고, 무엇이든 시도해보면서
시스템을 만들어나가는 시기다.

첫걸음 떼기

신촌 한가운데 위치한 공유 스터디룸에서 첫 수업이 잡혔다. 그동안 이란어 강의를 많이 했지만, 내 회사에서 진행하는 첫 수업은 또 달랐다. 긴장되는 마음을 가다듬고 예약해둔 강의실로 들어서는데 문 앞에 붙은 이름표로 시선이 쏠렸다. '쌀럼 이란어 수업-정제희 님'. 그제야 내 회사의 첫 프로젝트를 시작한다는 게 실감이 났다.

첫 수강생 두 사람은 이미 강의실에서 기다리고 있었다. 그들은 마치 대학 신입생들처럼 잔뜩 긴장된 표정으로 앉아 있었다. 아마도 노트에 뭔가를 열심히 적으며 예습을 하고 있던 듯했다. '알레프, 베, 페, 테, 쎄…' 삐뚤빼뚤 서툴게 적힌 이란어 알파벳이 보였다. 그 모습을 보니 오히려 긴장이 풀리면서 빨리 수업을 하고 싶은 마음이 들었다.

인사를 나누고 각자를 소개한 후 본격적인 수업을 시작했다. 건장한 성인이 조심스레 연필을 붙잡고서 꼬불꼬불 이란어를 쓰고 큰 소리로 따라 읽는 모습이 이제 막 한글을 배우는 아이들 같아서 웃음이 났다.

내 이름을 걸고, 우리 회사 이름을 걸고 하는 첫 수업이여서 그랬을까. 수업 내내 설명할 수 없는 감정이 일었다. 그저 사명감이라고만 여길 수 없는 다양한 감정과 생각이 한꺼번에 몰려왔다. 어떻게 지나갔는지도 모르게 첫 수업을 마치고 집으로 돌아가면서 복잡한 감정의 종착점에 도착했다.

'앞으로 우리를 통해 이란어를 배우고, 이란을 간접적으로 만나게 될 사람들이 점점 늘어나겠지. 그 사람들은 한국과 이란을 잇는 튼튼하고 건실한 가교가 될 거야.'

추상적이었던 회사의 목표가 보다 뚜렷해지고 선명해지는 것을 느낄 수 있었다. 역시 시작이 반이고, 구슬이 서 말이라도 꿰

어야 보배라는 말이 딱 맞다. 그래, 시작하길 참 잘했다. 우리가
세울 다리의 첫 벽돌 한 장이 올라가는 순간이었다.

모든 것이 처음인 순간

커리큘럼을 열심히 짜긴 했지만, 첫 수업 때까지도 우리 회사 이
름으로 된 정식 교재가 없었다. 매일 집에서 손으로 만든 교재를
칠판에 적어가며 수업했다. 거의 맨 땅에 헤딩을 하듯이 수업한
것이다.

밤낮없이 교재를 만들었다. 시중에 나와 있는 이란어 책을 전
부 구매하고 대학 시절 공부했던 자료와 교재를 꺼내 먼지를 털
어냈다. 미국과 영국 유수의 대학에서 펴낸 이란어 교재며, 인터
넷에 있는 이란어 교육 동영상도 열심히 뒤졌다. 현지에서 생활
이란어를 몸소 배운 경험도 요긴했다. 이란에서는 나 역시 이란
어 초보자일 수밖에 없었는데, 그때 직접 부딪히면서 익힌 덕분
에 이란어 실력이 비약적으로 늘 수 있었다. 나는 이란 유학 시
절의 기억을 되살리려고 노력했다.

그동안의 모든 경험을 되돌아보며 교재를 만들었다. 처음에
는 효율적인 프로그램을 몰랐기에 내용을 A4 용지에 일일이 적

어야 했다. 그뿐만이 아니다. 그렇게 직접 쓴 교재는 가정용 인쇄기로 출력해서 학생들에게 나눠줬다. 한 달 동안 매일 교재를 만들었고, 그렇게 완성된 것이 현재의 쌀럼 이란어 어학원 정규 과정 초급반 교재다.

물론 우리의 교재는 수정에 수정을 반복하며 더 좋은 교재로 발전 중이다. 지금은 편집 전문 프로그램으로 작업하고 인쇄소에서 번듯하게 제작한 교재를 쓴다. 과거 손으로 만든 조악하고 빈약한 교재를 소중히 들고 다니며 열심히 공부한 수강생들이 없었다면 지금의 훌륭한 교재도 없었을 것이다.

다음 스테이지로 넘어가기 위해서

요즘은 'DIY'가 인기다. 사람들은 이케아 같은 DIY 브랜드에 열광한다. 직접 만들어 사용하는 물건이 기성품보다 더 뜻깊고 정감 있기 때문이 아닐까? 이란아토즈도 DIY형 회사다. 교재뿐만 아니라 커리큘럼부터 시스템까지 모든 것을 우리가 만들며 성장해왔다.

심지어 회사의 로고나 명함도 지인의 도움을 받았고, 홍보 이미지나 회사 소개서 등 필요한 게 있을 때마다 스스로 만들었다.

홈페이지도 무료 제공 툴로 만든 것을 최근까지 사용했다. 처음으로 전문가에게 회사의 새로운 로고와 홈페이지 제작을 의뢰했을 때, '아니, 우리가 이렇게까지 해도 되나?' 하며 조금 낯선 기분이 들었다.

이제까지 우리가 해온 업무가 남들이 보기에는 촌스럽고 투박할지도 모르겠다. 애송이 티가 날지도 모르고 말이다. 그래도 내 손으로 직접 만든 교재, 홈페이지, 로고, 명함 등 그 어느 것 하나 소중하지 않은 게 없다. 또 이런 운영 방식은 패기와 열정을 가져야만 가능한 것이기도 하다.

얼마 전 회의에서 이런 말이 나왔다.

"이제 우리는 두 번째 스테이지로 넘어왔어. 첫 스테이지는 끝났다고!"

모든 것을 하나하나 만들며 꾸려온 시기는 첫 번째 스테이지다. 완벽할 필요도 없고, 무엇이든 시도해보면서 시스템을 만들어나가던 시기다. 이제 이란아토즈는 안정된 시스템을 바탕으로 몸집을 키워나가는 두 번째 스테이지에 올라섰다. 앞으로 얼마나 많은 스테이지를 거치며 어떻게, 어디까지 발전해나갈지는 아무도 모른다. 하지만 다음 스테이지에 대한 희망과 기대감이 있기에 나는 웃을 수 있다.

가끔 주변 지인들은 말한다. 과연 이 일을 언제까지 할 수 있겠냐고. 남들이 선뜻 도전하지 않는 분야에서 일하는 나를 진심으로 염려하는 마음이라는 것을 잘 안다. 그래서 감사하다. 하지만 처음부터 완벽한 것은 없다. 그런 이야기를 들을 때마다 대답한다.

"처음부터 너무 멋있으면 재미없잖아요?"

이란아토즈 같은 회사도 있는 것이다. 언제가 다가올 세 번째 스테이지를 기대하며 우리는 오늘도 그냥 달린다.

처음은 누구나
서툴지만

이제는 안다. 내 시작을 함께해주는,
그리고 응원해주는 사람을 만난다는 것이 얼마나 큰 행운인지 말이다.

첫 사무실의 추억

"주원아, 너 돈 좀 있어?"

이건 후배를 갈취하는 소리가 절대 아니다. 공유 스터디룸에
서 한 달가량 수업하며 계산을 해보니 수업료에 비해 공간 대여
료로 쓴 지출이 너무 컸다. 게다가 수업 시간 전후로 강의 준비
할 공간이 없는 점도 불편했다. 수업 관련 회의를 위해 주원과
매일 카페에서 만나니 한 달 커피 값만 해도 이미 적자였다. 후

속 교재를 만들고 회의할 공간이 무엇보다 시급했다. 당시에는 한 반만 수업 중이라 큰 불편은 없었지만, 수강생이 점점 늘어날 경우를 미리 대비해야 했다. 언제까지나 공유 스터디룸을 이용할 수 없는 노릇이었다. 수업을 하다 보니 한 달은 금세 지났다. 다음 달 수강생 모집을 앞두고 사무실 마련이 더욱 간절해졌다.

앞으로 몇 달간은 적자일 것임을 감안해 다시 계산해봤다. 여윳돈으로 쓸 수 있는 돈은 500만 원 정도. 사무실을 구하기엔 턱없이 부족했다. 그래도 주원과 내가 이제껏 모은 돈을 합치니 소형 사무실 임대 보증금 정도는 될 것 같았다. 쇠뿔도 단김에 빼라고, 우리는 예산에 맞는 사무실을 구해보기로 했다.

다음 달 왕초보반 수강생 모집 홍보가 시작됐다. 기적처럼 5명이 수강을 신청했다. 당장 다음 달부터 수업이 두 개나 진행된다니, 마음은 더욱 급해졌다. 강남 부근의 소형 사무실을 발에 땀나도록 보러 다녔다. 하필 한여름이었던 터라 하루에 사무실 세 곳만 봐도 온몸에 땀이 줄줄 날 정도였다. 우리는 매일 부동산에 출근 도장을 찍었다.

사무실을 알아볼수록 이상과 현실 사이의 괴리감이 커졌다. 마음에 들면 예산 초과이고, 예산에 맞추면 발 디딜 틈도 없는 좁은 공간밖에 없었다. 좌절한 우리는 전략을 바꿔 발품 대신 손품을 팔기로 했다. 인터넷으로 예산에 맞는 사무실 건물을 추린 뒤 내부 구조와 평형을 따져봤다. 또 가장 중요한 조건 중 하나인 수업이 가능한 곳을 찾았다. 세 가지 조건이 맞아떨어지는 공간만 골라 보는 거였다. 어차피 한정된 예산을 가진 우리에겐 그편이 훨씬 나았다.

그 결과 입주 가능한 사무실은 딱 두 곳으로 추려졌다. 두 사무실 중 어느 한 곳이 확실하게 낫다고 볼 수 없었다. 이게 마음에 들면 저게 마음에 걸렸고, 저게 마음에 들면 이게 문제였다. 같은 평형의 사무실이라도 층과 위치에 따라서 장단점이 확연했다. 쉽게 결정할 수가 없었다.

하지만 조금 더 마음이 가는 사무실이 있었다. 마지막으로 남은 사무실, 1203호! 신기하게 1203호를 보자마자 나와 주원이 일심동체로 말했다. "여기다!" 나는 공간에도 인연이 있다고 믿는다. 우리가 고른 1203호 사무실에서 고생도 많이 했지만, 우리가 성장할 수 있었던 곳도 바로 그 사무실이었다. 그렇게 1203호는 이란아토즈의 첫 사무실이 됐다.

모든 것이 미숙할 때

급하게 구한 사무실에는 치명적인 단점이 있었다. 바로 주말에 에어컨이 작동하지 않는다는 것! 사무실이 있던 건물은 냉·난방을 중앙에서 제어하는 시스템이었다. 다른 사무실은 주말이면 휴무였던 터라 토요일 오후, 일요일은 건물의 냉·난방 시스템이 아예 작동하지 않았다.

이란어를 배우는 수강생들은 거의 다 직장인들이기 때문에 토요일, 일요일을 선호한다. 그래서 수업을 일요일로 잡았는데 이런 변수가 있을 줄이야. 회원이 5명이나 모였다고 좋아만 했는데 또 이런 예상치 못한 일이 벌어질 줄 누가 알았겠는가! 역시 쉽게 가는 법이 없는 이란아토즈였다.

"너무 덥죠? 정말 죄송해요."

수업 중에도 몇 번이나 사과를 했는지 모른다. 나는 '프로 사과꾼'이 돼야만 했다. 집에 있는 선풍기 세 대를 모두 가져와 풀가동했지만 더위는 가실 줄 몰랐다.

이글이글 태양이 작열하는 8월 그것도 해가 중천에 떠 있을 정오 무렵, 좁은 사무실에서는 수업이 한창이었다. 세 시간짜리 수업인 데다 수강생 5명이 옹기종기 모여 앉아 있으니 정말이지 사우나 안에서 수업하는 기분이었다.

쉬는 시간에 잠깐 복도에 나가면 오히려 복도가 에어컨을 틀어놓은 듯 시원하게 느껴졌다. 빛이 잘 들어서 선택한 사무실인데, 오히려 채광이 너무 좋은 게 문제일 줄이야! 강하게 내려쬐는 한여름 땡볕은 큰 유리창을 통해 고스란히 사무실 안으로 쏟아졌다. 사무실은 온종일 절절 끓었다. 수업 중에는 아무래도 소음이 발생할 수 있어서 문을 활짝 열어둘 수도 없었다.

수업 시작 전 수강생들은 저마다 이 더위를 무찌를 비장의 무기를 하나씩 챙겨왔다. 대용량 아이스커피, 부채, 핸디형 선풍기 등 다양한 아이템이 등장했다. 하지만 그 어떤 아이템으로도 지독한 더위를 극복할 수 없었다.

사무실로 수강생들이 들어오는 모습을 보면 흡사 전쟁에 나가는 병사들 같았다. 이길 가능성이 전혀 없는 적진 한가운데로 돌격하는 가련한 병사들의 모습에 미안하고 안쓰러웠다. 여긴 전쟁터가 아니라 어학원인데…. 대책 마련이 시급했다.

그 길로 바로 냉풍기를 구매했다. 선풍기보다는 에어컨에 가까운 바람이 나온다는 광고를 보고 꽤 비싸게 구입했다. 그런데 물을 채우고 아이스 팩을 넣어줘야 해서 번거로웠다. 게다가 극심한 무더위에 아이스 팩이 금세 녹아버려서 제 기능을 하지 못했다.

냉풍기를 보며 기뻐하던 수강생들은 어느새 다시 무더위에 지쳐 생기를 잃어갔다. 나는 너무 미안해서 눈물이 날 지경이었다. 결국 선풍기를 한 대 더 구했다. 좁은 사무실에 선풍기가 총 5대가 됐다. 수강생 수와 선풍기 수가 같아진 것이다. 이른바 1인

1선풍기 전략이었다. 그다음은 커피 전략이었다. 쉬는 시간이 되면 수강생들과 함께 건물 1층에 있는 카페로 내려가 시원한 커피를 사들고 왔다. 커피를 받아든 수강생들은 잠시 시원한 마음으로 수업에 임했지만, 그 효과도 30분을 넘지 못했다.

시작을 함께하는 사람

그런데 건물 1층 카페를 이용하면서 의문이 들었다. 카페도 이 건물에 있는데 주말 동안 어쩜 그렇게 시원한 거지? 갑자기 번쩍 든 그 생각에 1층 카페 사장님께 물어봤다.

"모르셨구나. 여기 전부 이동형 에어컨 설치해서 써요. 아마 대여도 될걸요?"

세상에 그런 좋은 방법이 있었다니, 어이없고 허탈해서 실소가 다 나왔다. 나의 멍청함과 우둔함을 책망했다. 아니 왜 그 생각을 못했을까! 미리 물어나 볼걸…. 미리 정보를 이야기해주지 않은 건물 관리인에게 괜한 배신감마저 느껴졌다.

급하게 이동형 에어컨을 설치해서 수업을 시작한 건 이미 9월이었다. 한낮에도 조금씩 선선한 바람이 불어올 무렵이었다. 가장 무더운 시기, 불가마 같은 곳에서 에어컨도 없이 버텨가며 수업을 들어준 당시 수강생들에게 미안함이 여전하다.

이동형 에어컨을 설치하고 더위는 좀 가셨지만, 다른 문제가 여럿 뒤따랐다. 이동형 에어컨을 가동하려면 창문 밖으로 물이 나오는 호스를 설치해야 한다. 그런데 우리 사무실은 창문이 완전히 열리지 않는 구조였다. 손잡이를 앞으로 당겨 위로 여는 창문이었던 것이다. 에어컨 호스를 설치하면 창문이 완전히 닫히지 않았다. 임시방편으로 보기 흉하지만 청록색 양면테이프를 창문 틈에 붙여뒀다. 그러나 양면테이프의 접착력은 예상보다 훨씬 약했다. 툭하면 양면테이프가 떨어졌고 주원과 나는 출근하자마자 양면테이프 접착 공사부터 해야 했다. 정말 눈물 없이는 떠올릴 수 없는 경험이다.

더욱 충격적인 일은 그해 겨울에 일어났다. 사무실에서 처음으로 맞이한 겨울이었다. 이번에는 추워도 너무 추워서 딱딱 이 부딪치는 소리가 났다. 강의할 때 입김이 나오기도 했다.

정말이지 너무 열악한 환경이었다. 내가 이런 학원에 다녔다면 어땠을까? 아마 화가 치밀어서 학원에 따져 물었을 것이다. 인터넷에 혹평의 글을 남겼을지도 모른다. 이게 무슨 학원이냐고 말이다.

하지만 좋은 사람들의 관심과 도움 덕분에 시작된 이란아토즈답게, 첫 수강생들은 우리의 그러한 미숙함을 못 본 체 해줬다. 그들 눈에 우리의 부족함이 보이지 않았을 리 없다. 그런데도 그들은 괜찮다며 오히려 우리를 위로했다. 그저 이란어를 배울 수 있는 학원이 생겨 반갑다고 말해줬다.

　나는 정말 운이 좋은 사람이다. 우리의 미약한 시작을 지켜보고 함께 겪어준 수강생들이 있었기에 지금까지 이란아토즈가 발전할 수 있었다. 당시에는 나 역시 시작점에 서서 달리기만 하느라 내가 얼마나 운이 좋은지 몰랐다. 하지만 이제 안다. 내 시작을 함께해주는, 그리고 응원해주는 사람을 만난다는 것이 얼마나 큰 행운인지 말이다.

하고 싶은 일
VS.
잘할 수 있는 일

누구나 자기만의
속도가 있다

함께 꿈꾸고 이뤄가는 사람이 있기에
나도 앞으로 나아갈 수 있다.

서로 다른 사람과 일하기

회사를 만든 지 딱 2년이 흘렀다. 여전히 대표라는 직함은 낯설
고 어색하지만, 회사 운영에는 꽤 적응도 했다. 한 회사의 대표
로서 분기별 사업 계획을 세우고, 홍보도 하고, 중요한 사안에
관해서는 과감하게 결단을 내리기도 한다.

작은 회사들이 그렇듯이 대표가 전면에 나서는 일이 많으니
내가 회사의 얼굴처럼 여겨질 때가 많다. 앞장서서 회사를 끌고

가는 역할을 하는 것은 맞지만 아이러니하게도 나 혼자서 할 수 있는 일은 아무것도 없다. 모든 일을 시작부터 지금까지 동업자인 주원과 '함께' 하고 있기 때문이다. 나 혼자였다면 지금처럼 회사를 운영할 수 있었을까? 대답은 아마도 'NO'일 것이다.

학교 후배인 주원과는 이란 유학 시절에 급격히 가까워졌다. 모든 관계가 그러하듯 처음부터 마냥 좋고 친했던 것만은 아니다. 기본적으로 극과 극인 정반대의 성격을 갖고 있었으니까 말이다. 하지만 찬찬히 뜯어보면 공통점도 많았고, 5년이 넘는 시간을 동고동락하는 동안 그녀는 나의 둘도 없는 친구가 됐다.

아무리 절친한 사이라지만 함께 일하는 것은 쉽지 않았다. 우정과 일은 성격이 굉장히 다른 것이기 때문이었다. 둘 다 본격적으로 일은 처음 해보는 터라 예상하지 못했던 수많은 갈등을 겪을 수밖에 없었다. 찰떡궁합이라고만 여겼던 우리는 서로 부딪힐 때마다 적지 않게 당황했다.

이란에서는 우리의 다름을 통해서 오히려 우정을 차곡차곡 다져갈 수 있었다. 하지만 함께 일하는 동안에는 서로의 다름이 걸림돌로 느껴졌다. 말은 하지 않았지만 분명 서로 엄청난 스트레스를 받고 있었다.

나는 우리가 감정적으로 조금씩 멀어져가는 것을 느꼈다. 나역시 일도 우정도 잘 풀리지 않는 상황에 스트레스를 느끼고 있였기에 먼저 다가설 수 없었다. 한동안 우리 둘은 그저 일만 했다. 하지만 회사 구성원이 둘밖에 없는 상황에서 서로에게 어색한 채로 일이 잘될 리가 없었다. 나는 다시 우리 관계를 되돌아보기로 했다.

타인의 속도

가장 큰 문제점은 바로 '나'였다. 주원과 나의 동업 형태로 사업을 시작했지만 직함은 달랐다. 내가 대표고 주원은 이사였다. 작은 회사에서 직함은 아무 의미가 없다는 것을 이제는 잘 알지만 그때 나는 어쩌면 '대표병'에 걸려 있었던 건지도 모르겠다. 이게 가장 심각하고 근본적인 문제였다.

흔히들 대표병이라 하면, 사람들 앞에서 거들먹거리며 대표 행세만 하면서 일은 하지 않는 행태를 생각할 것이다. 나는 오히려 정반대였다. 대표라는 직함이 나에게 너무도 크게만 느껴져서 압박감이 엄청났다. 항상 잘해야 한다는 생각에 사로잡혀 있었고, 그래서 모든 일을 나 혼자 짊어지고 내가 다 해결하려고 했다. 바로 그게 문제였던 걸 모른 채 말이다. 초기에는 오히려 못된 보상심리도 들었다.

'이렇게 열심히 하는 대표가 어디 있어? 드라마 같은 데서 보면 대표들은 일도 하나도 안 하고 돈은 훨씬 많이 벌던데….'

이런 소인배 같은 마음으로 나 자신을 합리화하면서 스트레스만 받았다.

함께 일하기 전부터 주원과 나의 성격이 다른 건 잘 알고 있었다. 나는 창의적이고 관심 있는 분야가 다양한 편이다. 아이디어를 내는 걸 좋아하고 뭐든지 빨리빨리 해야 직성이 풀린다. 밤을 새워서라도 말이다. 그리고 하고 싶은 말을 마음에 쌓아두기보다는 그때그때 하는 편이다. 주원은 정반대다. 그녀는 언제나 정석을 따른다. 한 가지 일에만 집중하는 편이고 매뉴얼 만드는 것을 좋아한다. 시간이 오래 걸려도 일 처리가 꼼꼼하다. 그리고 몹시 신중해서 속내를 말하기까지 오랜 시간이 필요하다.

이렇게 다른 성격은 일을 할 때도 고스란히 반영됐는데, 나의 치명적이고 결정적인 단점 한 가지가 더해지자 문제는 더 심각해졌다. 바로 강박증과 집착이다. 나는 내가 꽂힌 것에 남들이 혀를 내두를 만큼 심한 강박과 집착을 보인다. 잘하고 싶은 마음에서 나온 행동이지만, 가끔 같이 일하는 사람을 전혀 배려하지 못하는 행동을 할 때가 있다.

예를 들어 이란어에 굉장히 집착하는 나는 단어 하나를 외울 때도 신경질적으로 유사어나 반의어, 다른 품사까지 무조건 다

외워야 하는 성격이다. 텍스트를 읽다가 모르는 단어가 나오면 온종일 마음이 불편해지고, 활자 중독도 심하다. 가끔 정도가 과할 때가 있어서 동료와 함께 학원 교재를 만들거나 같이 통역을 나가면 이란어 조사 하나, 단어 선택 하나로도 꼬투리를 잡고 늘어지는 경우가 있었다. 항상 내가 원하는 결과물이 나올 때까지 상대와 나를 채찍질하곤 했다.

완벽주의적인 면 때문에 모든 일을 내가 직접 확인해야 마음이 놓였다. 그 결과, 대부분의 일을 내가 도맡아 하고 주원에게는 적절한 역할을 주지 못했다. 주원 역시 자신의 속도와 방법으로 일하지 못하니 당연히 불만이 쌓일 수밖에 없었다.

창업 1년차, 이란 핵 협상 타결과 대통령 이란 방문으로 눈코 뜰 새 없이 바쁜 날들이 이어질 때는 당장 처리할 일이 있으니 서로 꾹 참고 일만 했다. 하지만 2년차, 미 트럼프 대통령 당선으로 일거리가 뚝 끊기면서 우리의 갈등도 터져 나오기 시작했다.

우리는 갑자기 마주한 경영난과 남아도는 한가한 시간 앞에서 대책을 세워야만 했고, 스스로 바뀌어야 할 필요를 느꼈다. 그동안 우리가 미처 보지 못했던, 아니 보려고 하지 않았던 회사의 문제점도 분명 있었을 것이다. 하지만 그보다 먼저, 어려움을 이겨내고 계속 같이 일하기 위해서는 주원과 내 감정의 골부터 메워야 했다.

다름을 인정하는 법

가장 효과적인 방법은 처음 창업할 때의 마음을 되돌아보는 것이었다. 성격은 극과 극이었지만, 최고의 이란 전문가가 되겠다는 우리의 꿈은 닮아 있었다. 그리고 그 꿈을 향해서 미련하게, 우직하게 가는 모양이 참 닮았다. 가끔은 서로를 미련하다며 놀리고 빨리 여기서 도망치라며 농담도 하지만, 우리는 느리더라도 각자의 방식으로 꿈을 이뤄가고 있었다. 서로와 같은 동료를 그 어디에서도 찾을 수 없다는 믿음이 있기에 완전히 갈라서야겠다는 생각은 해본 적이 없었던 것이다.

그 이후로는 치열한 싸움(?)이 시작됐다. 감정 표현에 서툰 주원은 좀 더 솔직하게 자신의 속마음을 터놓고 이야기하기로 했고, 나는 회사를 운영하는 선배들을 찾아다니며 회사 운영의 지혜를 구하기 위해 노력했다. 치열한 싸움은 우리의 치열했던 노력이었다. 그리고 그 시간을 통해 정말 많은 것을 깨달았다.

나는 주원이 스스로 넘어지고 깨닫고 배우는 시간을 주지 않았다. '대표'라는 직함에 갇혀 모든 일을 내 손바닥 위에 놓고 통제하려고 했다. 주원이 잘못된 길로 가는 것 같으면 조금의 시간도 주지 않고 바로잡으려고 했다. 그게 회사와 주원에게 옳은 일이라고 믿었다.

하지만 그건 내 욕심이었다. 주원에게는 자신만의 매뉴얼을 만들 시간이 필요했다. 그 과정을 제대로 거치면 나보다 더 꼼꼼히 일을 처리해낼 수 있는 사람이었다.

그 사실을 깨닫자 많은 것이 바뀌었다. 우선 나는 어학원인 쌜럼 이란어를 주원에게 전적으로 맡겨야겠다고 결심했다. 주원은 큰 아이디어를 체계화하고 꼼꼼하게 시스템을 만드는 일을 굉장히 잘했기 때문이다. 커리큘럼을 짜고 계획대로 움직여야 하는 학원 업무가 주원에게 맞을 것 같았다. 그리고 그 예상은 옳았다.

주원에게 학원을 맡기자 내가 학원을 전적으로 관리할 때 보다 훨씬 성장 속도가 빨랐다. 지금 주원은 쌜럼 이란어의 대표로, 나보다 훨씬 더 훌륭하게 어학원을 이끌고 있다.

가끔 사람들은 내게 말한다. "동업은 언젠가 망해" "난 동업이 잘되는 걸 못 봤어" 난 그런 이들에게 이야기하고 싶다. "우린 동업이 아니라 같은 꿈을 꾸고, 같은 일을 하는 동료"라고 말이다. 최고의 동료는 회사의, 그리고 나의 힘의 원천이다. 함께 꿈꾸고 이뤄가는 사람이 있기에 나도 앞으로 나아갈 수 있다.

나는 무엇을
할 것인가

1~2년 달리고 말 게 아니라 제대로 달리려면
잠시 멈춰야 했다. 재정비의 시간이 반드시 필요했다.

이란아토즈의 정체성

이란아토즈 설립 1년차쯤 되던 무렵이다. 경주마처럼 무작정 달
려오기만 한 지난 1년을 조용히 돌이켜봤다. 이란아토즈의 개시
프로젝트이자 주 업무 영역은 이란어 통·번역과 이란어 강의였
다. 하지만 이 업무 외에도 요청이 있을 때면 겁도 없이 무모한
도전을 감행했다. 기업의 해외 진출을 위한 이란 시장조사와 컨
설팅은 물론이고 이란어 전문 인력 아웃소싱, 이란어 면접을 보

는 면접관 업무, 이란 관련 다큐멘터리 제작 참여 등 이제껏 해 보지 못했던 새로운 업무를 경험했다.

다양한 업무는 돈으로 환산할 수 없는 경험이 됐지만, 너무 다양한 분야의 일을 하다 보니 회사의 정체성에 대해 고민할 수밖에 없었다. 일을 하면 할수록, 회사가 안정화될수록 '우리 회사는 무엇을 하는 회사일까?'를 고민하게 됐다. 비단 회사의 정체성뿐만 아니라 '대체 나의 직업은 무엇일까?' '나는 무엇을 하는 사람이 되고 싶은 걸까?' 등 개인적 고민도 시작됐다. '이란 전문가'라는 꿈을 안고 시작한 회사였는데, 주어지는 일만 하니 오히려 처음의 꿈에서 조금씩 멀어지고 있는 건 아닌지 불안감이 찾아왔다. 그저 '일을 위한 일'을 하는 것 같은, 닥치는 대로 일만 하는 것 같은 그런 종류의 불안함이 나를 덮쳤다.

'이렇게 달리기만 해서는 안 돼!'라는 생각이 들었다. 1~2년 달리고 말 게 아니라 제대로 달리려면 잠시 멈춰야 했다. 재정비의 시간이 반드시 필요했다.

2017년 말쯤, 이란에 강경한 태도를 취하는 미국 트럼프 대통령이 당선되면서 이란 관련 비즈니스 시장이 한순간에 잠잠해졌다. 강의를 신청하는 사람도, 통·번역 일거리도 없었다. 절망스러운 상황이었다. 우리는 의도치 않게 찾아온 이 시간을 그동안 생각만 하던 재정비의 시간으로 만들기로 했다.

책임을 나눈다는 것

가장 먼저 회사의 업무를 구분할 필요가 있었다. 우리 회사가 하는 일은 매우 다양했지만, 그 일을 필요로 하는 최종 구매자가 누구인지 나눠보니 결국 기업과 개인 두 종류로 나눌 수 있었다. 기업이 원하는 것과 개인이 원하는 것은 다를 수밖에 없다. 하지만 우리는 그것을 구분하지 않고 똑같은 서비스를 제공하고 있었다.

그때까지만 해도 주원과 나의 업무 영역은 똑같았다. 업무가 분리돼 있지 않아서 통역이 들어오면 같이 통역을 나가고, 강의 일이 있으면 같이 강의 준비를 하는 식으로 일했다. 두 명의 에너지가 한 가지 일에 모두 쏠릴 수밖에 없었다. 그러자 여러 가지 일을 하는 우리 회사의 특성상, 일이 많아서 바쁠 때는 자연스레 다른 일에 구멍이 나는 경우가 많았다. 그럴 때는 밤을 새워 한 가지 일을 끝내놓고 또 다른 일을 시작하는 식이어서 쉴 수가 없었고 우리 둘 다 스트레스가 컸다.

게다가 모든 일을 직접 확인해야 안심이 되는 나의 특성 탓에 한 가지 일을 하는데도 업무량은 두 배로 과중했다. 주원 역시 모든 일을 대표가 확인하니 스트레스가 컸을 것이다.

이대로는 안 되겠다 싶었다. 주원과 권한을 나누고 그녀에게 책임을 맡길 필요가 있었다. 회사의 정체성 찾기와 주원과 권한 나누기. 이 두 가지 목표를 한 번에 이룰 수 있는 방법은 딱 하나뿐이었다. 회사를 분리하자! 쌀럼 이란어 프로젝트를 어학원으로 아예 분리하고 주원이가 어학원의 대표를 맡아주면 두 마리 토끼를 모두 잡을 수 있을 것 같았다.

모든 일에 내가 책임을 지려니 문제가 생긴 것이다. 그래서 기업 서비스 회사인 이란아토즈 업무는 내가 대표로서 책임을 지고, 어학원인 쌀럼 이란어는 주원이 대표가 돼서 책임을 지기로 했다.

누군가의 지시를 받아서 일하면 업무에 대한 주체적이고 자발적인 동기부여가 생기기 힘들다. 아무리 작은 회사라도 '대표'라는 직함을 달고 일을 해보면 더욱 주도적으로 일할 수 있고 재미도 있을 것이라 생각했다. 수직적인 관계에서 수평적인 파트너 관계로 변화하려는 시도이기도 했다.

효율적 일하기

단순히 책임을 나누기 위해서 회사를 분리한 것은 아니었다. 나는 아이디어는 잘 쏟아내지만, 그것을 체계화하고 시스템화하는 데는 젬병이다. 내가 제일 싫어하는 게 수학과 엑셀일 정도다. 주원은 그린 나와 정반대다. 회의할 때도 나는 그냥 하고 싶은 말을 주절주절 이야기하는 반면, 주원은 내가 한 시답지 않은 이야기까지 문서로 만든다. 액티브하고 변동이 큰 기업 서비스 일을 내가 맡아서 하고, 체계화된 교재와 시스템이 필요한 학원을 주원이 맡으면 최상의 시너지 효과를 낼 수 있겠다고 판단했다.

사람을 대하는 방식도 마찬가지다. 나는 능구렁이 같은 면이 있어서 처세술에 능하고, 주원은 그런 면에 좀 서툴지만 따뜻한 심성으로 상대방을 배려한다. 그래서 내가 융통성을 필요로 하는 기업 문의를 담당하고, 주원이 어학원에 오는 수강생들을 상담하면 좋겠다고 생각했다.

모든 일을 둘이서 같이 하기보다는 그 일에 더 잘 맞는 사람이 주가 돼 이끌고 다른 사람이 옆에서 서포트를 해준다면 더 좋은 효과가 나지 않을까?

그렇게 우리는 1년차에 이란아토즈의 이란어 강의 프로젝트인 쌀럼 이란어를 독립적인 회사로 분리하게 됐다. 일이 없어 강제 휴식기를 갖는 동안 본격적으로 분리 작업도 시작했다. 전문가에게 의뢰해 전문 어학원 느낌이 들도록 로고를 제작하고 SNS 채널도 따로 만들었다. 사업자등록증도 주원의 이름으로 다시 만들었다. 이렇게 이란아토즈 두 번째 스테이지가 시작됐다.

서로의 처지를 이해하려면 상대방의 신발을 신어보라고 했던가? 회사를 분리하면서 주원은 나를, 나는 주원을 더 잘 이해하게 됐다. 주원은 그동안 내가 도맡아 하던 경영 쪽의 일을 해보며 좀 더 내게 힘이 돼주고 싶다고 말했다. 나 역시 독단적으로 움직이기보다는 주원이 만든 시스템을 따라 일하는 부분이 늘었다.

회사 분리 후 1년, 이란아토즈는 이란에 진출하려는 한국 기업을 위한 토탈 솔루션을 원스톱으로 제공하는 기업 전문 서비스 회사로, 쌀럼 이란어는 이란어 전문 어학원으로 각각 고유의 정체성을 가지며 전문성 있는 회사로 자리 잡았다. 두 회사는 이후 안정적으로 성장하게 됐고, 자연스레 우리의 활동 영역도 더 넓어졌다. 또 두 개의 회사가 다른 이미지와 정체성을 갖게 되면서 나와 주원의 각기 다른 개성을 잘 살릴 수 있게 된 것도 또 다른 성과였다.

가장 중요한 수익 면에서도 긍정적인 효과를 얻었다. 늘 들쭉날쭉한 이란아토즈의 수입 구조를 비교적 안정적인 수입 구조를 가진 쌀럼 이란어로 극복할 수 있었다. 두 회사가 독립적으로 돌아가기 때문에 한쪽이 불안할 때는 다른 한쪽이 중심을 잡아준 것이다. 둘이서 시작한 회사가 또 한 단계 성장한 순간이었다.

당신의 재능과
나의 재능

모든 일을 잘하는 사람은 없다.
하지만 누구에게나 자신이 가장 잘할 수 있는 분야가 있다.

함께 일할 파트너 찾기

분리된 두 회사를 각각, 또 함께 운영하면서 활동 영역이 넓어졌기에 주원과 나 둘만으로는 모든 업무를 감당할 수 없게 됐다. 처음 회사를 만들 때도, 회사가 자리를 잡게 되면 우리와 뜻을 같이할 '사람'을 뽑는 일을 가장 먼저 하자고 주원과 나는 이야기하곤 했다. 지금이 바로 그 적기라고 생각했다.

사람을 뽑는 일은 쉽지 않았다. 주원과 나는 유일하게 비슷한

점이 있었는데, 바로 놀라울 만큼 '안정지향형' 인간이라는 것이
다. 그러다 보니 처음에는 우리와 함께 일할 수 있는, 또 우리처럼
일해주는 '정규직' 직원만을 생각했다. 그래서 사람 뽑기가 더 어
려웠던 건지도 모른다.

이제 막 시작 단계인 우리 회사에 취업 준비생들이 덜컥 정규
직으로 취직하기에는 다소 불안했을 것이다. 탐나는 인재를 볼
때마다 우리 회사의 미래와 비전을 제시하곤 했다. 하지만 뛰어
난 인재가 대기업 입사를 포기하고 덥석 우리 회사로 오기에는
안정성 면에서 대기업과 비할 바가 못 됐다.

결국 우리 성향과 딱 맞는 정규직을 뽑을 수는 없겠다고 판단
했다. 대신 '좋은 파트너는 찾아볼 수 있지 않을까?'라는 생각을
하게 됐다. 필요한 일에 그때그때 적합한 사람을 뽑아 함께 일하
는 것이다. 직원의 개념이 아니라 각 분야에서 동등하게 일할 파
트너를 찾는 셈이다.

누군가의 재능

초창기에 이란어 원어민 수업을 계획한 적이 있다. 설레는 마음
으로 원어민 강사 모집 공고를 내고 지원자를 기다렸다. '과연

몇 명이나 지원할까?' '지원하는 사람이 있을까?' 내심 불안했지만 생각보다 많은 이란인이 지원서를 보내와 깜짝 놀랐다. 서류로 사람을 판단하기보다는 직접 만나보고 결정하자는 생각에 모든 지원자들의 시범 수업을 진행하기로 했다.

다 같은 이란인이지만 한 사람, 한 사람의 개성이 모두 달라 또 놀랐다. 한국말을 잘해서 설명을 잘하는 사람이 있었고, 한국말은 잘 못하지만 이란어 발음이 정확한 사람도 있었다. 꼼꼼하고 체계적으로 가르치는 스타일도 있었고, 가르치는 솜씨는 부족해도 재밌고 성격이 원만한 스타일도 있었다. 일주일에 걸쳐 10명이 넘는 이란인을 만나봤지만 어떤 사람이 우리 파트너로 어울릴지 '정답'을 찾지 못했다.

주원과 나는 오랜 고민 끝에 이란어를 가르쳐본 경험은 전혀 없지만, 한국 문화를 좋아하고 한국어도 곧잘 하는 마리얌을 파트너로 선택했다. 마리얌은 한국에서 컴퓨터공학을 전공하는 대학생이었다. 마리얌의 밝은 성격 덕분에 또래 학생들과 수업할 때 소통과 공감을 잘 할 수 있을 거라고 생각했다. 활기찬 그녀는 회사에 새로운 활력을 불어넣었다. 또한 SNS를 우리보다 훨씬 더 능숙하게 다루는 등 여러모로 큰 힘이 됐다.

예상대로 마리얌은 매사에 적극적이었고 학생들과도 잘 어울렸다. 아마 수강생들 입장에서 마리얌은 다가가기 편한 선생님이었을 것이다. 하지만 아직 학생이라는 신분이 마리얌의 단점이 되기도 했다. 아직은 하고 싶은 것이 훨씬 더 많은 나이였기에 개인 활동 시간이 많았고, 자신의 학업량도 만만치 않았다. 우리가 요구하는 업무량이 마리얌에게는 벅찼을 것이다. 때로는 마리얌의 강한 주관과 우리 의견이 부딪히기도 했다. 몇 달 뒤, 원어민 수업이 없어지면서 마리얌은 자연스레 강사 일을 그만두게 됐다.

그 후 이란아토즈에서 이란의 SNS 시장조사 업무를 맡게 된 적이 있다. 혼자 하기에는 업무 양이 너무 많기도 했고, 이란 SNS 시장을 잘 아는 이란인의 도움이 필요했다. 그때 마리얌이 떠올랐다. 컴퓨터를 잘 다루고 SNS를 잘 아는 이란인 마리얌은 이 일을 도와줄 적격자였다.

그렇게 마리얌과 다시 일하게 됐다. 그녀는 내 생각보다 더 뛰어난 능력을 보여줬다. 전문가적인 그녀의 성격은 정해진 기간 내에 정보를 수집하고 분석하는 일에 더 적합했던 것이다. 그녀는 그 누구보다 프로페셔널하게 맡은 업무를 다했고 우리 회사는 이란 SNS 시장조사 업무를 성공적으로 끝낼 수 있었다.

요즘도 마리얌에게는 기업 전문 번역이라든지, 카탈로그나 PPT 제작 업무, 시장조사 업무를 맡기곤 한다. 어학원 일을 할 때는 잘 맞지 않았던 마리얌의 특성이 기업 비즈니스에서는 장점으로 작용했다. 마리얌을 통해 각자의 재능과 특성을 발휘할 수 있는 분야가 다름을 절실히 느꼈다.

강점을 활용하는 법

한편 쌀럼 이란어는 여전히 원어민 강사를 뽑는 문제로 고민 중이었다. 어느 날 주원이 통역 일을 갔다가 알게 된 이란인 한 명을 원어민 강사로 추천해 만나게 됐다. 마니제는 한국 회사에서 근무한 지 8년이 다 돼가는 베테랑이었다. 우리보다 나이도 많고, 회사 생활에 더 내공이 깊은 직장인이었다. 체계화, 조직화된 회사 생활에 익숙한 그녀가 우리 회사에 적응할 수 있을지 고민도 됐다. 하지만 이란어에 대한 애정이 크고 언어를 가르치는 일에 열정을 갖고 있어 함께 일하기로 했다.

마니제는 회사 생활을 오래 해서 그런지 특히 직장인 회화반과 최고로 찰떡궁합이었다. 한국인보다 한국 문화를 더 잘 알고 있어서 학원생들로부터 꾸준한 호응을 얻었다. 게다가 언어학도였기 때문에 회화 교재를 만들 때도 많은 도움을 받았다.

그녀는 통·번역 일을 하며 만난 사람이었으나, 이란어를 가르치는 일에 강점이 있어 우리와 함께 학원을 키워갈 적임자였다.

또 원어민 강의를 맡기기 위해 데려온 파리버쉬라는 이란인 친구가 있었다. 내가 본 이란인 중 가장 조용하고 과묵한 사람이 었다. 처음에는 말을 많이 하는 강사 일에 맞지 않아 마음고생을 했다. 그런데 교재 만드는 작업을 맡겼더니 곧잘 해냈고, 그 친구 덕분에 늘 고민이었던 문법 교재 제작을 순조롭게 진행할 수 있었다. 파리버쉬는 현재까지도 우리 학원에서 함께 교재를 만들고 있다.

이렇게 여러 사람들과 함께 일하며 모든 사람이 각자의 강점을 갖고 있다는 것을 깨달았다. 우리는 모두 완벽하지 않다. 모든 일을 잘하는 사람은 없다. 하지만 누구에게나 자신이 가장 잘할 수 있는 분야가 있다. 그 강점을 발견해서 적재적소에 활용하면 훨씬 효율적으로 일할 수 있을 것이다.

불안정 속에서
안정 찾기

배고픈 사람은 큰 꿈을 꿀 수 없다.
사업을 시작하면서 돈을 벌지 못하면
꿈도 포기할 수밖에 없다는 사실을 온몸으로 깨달았다.

어떻게 살 것인가

대학생을 대상으로 강의할 때면 반드시 받는 질문이 있다.

"이란어로 먹고살 수 있어요?"

당연히 궁금할 문제다. 영어나 중국어와 달리 수요가 한정적인 이란어로 과연 돈을 벌 수 있을지 걱정하는 것이다. 이제까지 우리나라에 이란 전문 회사가 없었던 이유 역시 꾸준한 수입이 보장되지 않았기 때문이다.

이럴 때 책이나 잡지에서 본 꿈을 이룬 사람들처럼 멋지게 "돈보다는 꿈을 좇으며 산다"고 말하면 얼마나 좋을까. 그러나 사실 나 역시 회사를 차릴 때부터 가장 고민한 것이 '어떻게 수익을 낼 것인가'였다.

꿈만으로는 일상을 영위할 수 없다. 살면서 숨만 쉰다고 가정해도 돈은 새나간다. 기본적인 의식주는 물론이고 교통비에 공과금에 월세에 보험금에 월급은 언제나 통장을 스쳐간다. 어디 그뿐인가. 인간은 밥만 먹고 살 수 없다. 취미를 시작하려고 해도, 공부하려고 해도 돈이 든다.

하고 싶은 대로 꿈을 좇으며 사는 판타지 대신 현실적인 이야기를 해보자. 나는 지극히 평범한 사람이라 현실을 무시한 채 살 수 없으니까 말이다. 그리고 어쩌면 꿈보다 더 중요한 게 현실일지도 모른다.

석사 공부를 마칠 때까지는 아주 감사하게도 부모님이 경제적 지원을 해줬다. 돈을 펑펑 쓰고 다닐 정도로 여유 있는 유학생은 아니었어도, 학비는 충당할 수 있었다. 그리고 유학 생활 틈틈이 통·번역 일도 했기 때문에 학생 때는 금전적으로 꽤 여유로운 편이었다.

하지만 이란에서 돌아오자마자 모든 상황이 바뀌었다. 부모님은 내가 한국에 돌아온 뒤 서른 살이 되던 해 1월 1일부터 경제적 지원을 끊었다. 처음에는 더 이상 용돈을 받지 못하는 상황을 심각하게 인지하지 못했다. 그러다가 별생각 없이 인터넷 쇼핑몰 장바구니에 넣어둔 외투를 끝내 사지 못하자 비로소 깨달았다. 스스로 벌어 먹고사는 일이 얼마나 힘들고 어려운 일인지 말이다. 나는 앞으로 어떻게 살아야 할까? 갑자기 두려움이 밀려들었다.

홀로서기의 시작

시작은 나쁘지 않았다. 통·번역 프리랜서 일이 꽤 바빴던 것이다. 다행히 내 경력에 비하면 이상할 만큼 일이 많았다. 물론 수입도 좋은 편이었다. 조금 우쭐한 마음도 생겼다.

'자립, 뭐 별거 아니네!'

하지만 언제나 마음속 한편에 불안함이 있었다. 건별로 수익이 나는 프리랜서 일의 특성 탓에 다음 일이 없으면 정말 수익이 0원이 될 수도 있었다. 나는 습관처럼 '다음 달에 일이 없으면 어쩌지?' 하고 걱정했다. 수입이 안정적인 직장인이 부럽기도 했다. 마음은 불안했지만, 그때만 해도 아끼고 모으며 평범하게 생활할 수 있을 정도였다. 평소 씀씀이가 큰 편이 아니었기에 큰 어려움은 없었다.

본격적인 위기는 사업을 시작하면서 찾아왔다. 기본적으로 이란아토즈는 우리나라와 이란의 가교가 되고 싶다는 꿈을 바탕으로 만든 회사였다. 엄청난 수익을 낸다기보다는 그저 좋아하는 일을 하고 싶다는 욕심이 컸다. 꿈꾸던 일을 제대로 해보자는 열정을 토대로 여러 파트너와 함께 즐겁게 일하고 싶어 벌인 일이었다. 그러나 사업은 계획처럼 아름답기만 한 것이 아니었다.

처음 사업을 시작했을 때는 덩치만 커진 프리랜서 같았다. 아니, 오히려 혼자 일하던 시절보다 단점이 두드러졌다. 혼자 일할 때에는 내가 일한 만큼 벌고 내가 다 가졌지만, 이제는 회사 직원들과 수입을 나눠야 했다.

또 프리랜서 때는 일하기 위해 필요한 고정비용이 없었기에 수입과 지출을 쉽게 예상할 수 있었다. 그런데 사업을 시작하고 나니 매달 드는 고정비용도 만만치 않았다. 수입과 지출을 예측하고 자금을 운용하는 일은 너무도 버거운 문제였다.

그럼에도 회사를 계속 운영한 까닭은 혼자서는 할 수 없는 다양한 일을 해보기 위해서였다. 혼자서는 시간적, 물리적 제약 때문에 할 수 없었을 대형 프로젝트도 회사에서는 파트너들과 함께 도전해볼 수 있었다.

믿을 구석 만들기

요즘은 일이 하고 싶다고 마냥 할 수 있는 시대가 아니다. 직장인이든 프리랜서든 사업가든 다 똑같다. 누군가 나를 찾아줘야만 일할 수 있다. 특히 물건을 파는 게 아니라, 내가 가진 능력 혹은 나라는 브랜드를 팔아야 한다면 더더욱 그렇다. 그동안 일에 대해 가졌던 오만한 생각을 모조리 버렸다. 일을 겸허히 기다리는 자세를 자의 반, 타의 반으로 배우게 된 것이다. 인연이 아닌 일은 무산되는 경우가 많았다. 이런 사실을 받아들이고 의연하게 기다리는 것도 사업을 하며 깨달은 지혜다.

하지만 그 지혜도 일이 아예 없을 때는 아무 소용없다. 차분하게 기다리는 것도 어느 정도 기반이 잡혔을 때 이야기지, 먹고살려면 가만히 앉아만 있어선 곤란하다. 기다리기만 하다가는 길바닥에 나앉을지도 모르니까 말이다. 겸허한 마음으로 일을 기다리되, 현실적으로는 불안정성을 줄일 대책을 세워야 한다. 안정적인 수입을 마련할 방법을 찾아 적극적으로 움직이는 편이 훨씬 현명한 일이다.

나 역시 일을 기다리기만 하다가 파리만 날리고 통장 잔액이 0원이 되던 1년 차에 마음을 고쳐먹었다. 먹고살기 위해 안정적인 수익을 낼 방법을 찾기로 한 것이다.

통·번역이나 비즈니스 컨설팅은 시장 상황에 따라 변동성이 컸다. 사회·정치 이슈에 영향을 많이 받기도 했다. 이는 우리가 노력할 수 있는, 손을 댈 수 있는 영역이 아니라고 판단했다. 반면 어학원 일은 달랐다. 일반인을 대상으로 하는 사업이고, 통·번역이나 비즈니스 컨설팅보다는 외부 영향을 덜 받았다. 다시 말해 노력하면 어느 정도 기본적인 수익을 낼 수 있었다.

이란아토즈 설립 1년 만에 이란의 국제·정치적 상황으로 보릿고개를 맞닥뜨렸다. 자연스레 외부 일이 줄었고 나는 어학원에 집중하기로 했다. 물론 이 결정에는 많은 요소가 작용했지만 현실적인 수익이 큰 비중을 차지했다. 지금처럼 외부 업무가 비수기일 때는 대표인 나와 이사인 주원이 모두 어학원 업무에 더욱 중점을 두기로 했다. 외부 업무가 늘어나면 어학원은 주원을 중심으로 돌아가게 하면서 나는 외부 사업에 집중할 수 있는 시스템을 만들기로 한 것이다.

현실을 인정하라

몇 달 뒤, 어학원 쌀럼 이란어를 이란아토즈에서 완전히 분리하고 매달 일관된 형식으로 회원 모집 광고를 올렸다. 어학원만 집중해서 홍보하니 차츰 수강생이 늘어가는 게 보였다. 우리는 다른 어학원들을 벤치마킹하면서 보다 체계적으로 우리 학원만의 시스템을 만들어나갔다.

회원은 점점 늘었다. 설립 3년 차인 현재, 쌀럼 이란어는 일정한 회원 수를 안정적으로 유지하고 있다. 수요가 많지 않은 이란어의 특성상 엄청나게 큰 수익은 아니지만, 불안한 시장에서 이렇게 안정적인 수입을 얻게 되다니 국내에서는 처음 있는 사례다. 우리에게는 기적과도 같은 일이다.

이렇게 자리 잡기까지 2년이 걸렸다. 이제야 최소한의 회사 운영비를 안정적으로, 큰 걱정 없이 벌게 된 것이다. 그러자 어학원뿐만 아니라 외부 사업 업무에도 긍정적인 영향이 미쳤다. 안정적인 수입을 바탕으로 프로젝트 하나하나에 더욱 집중할 수 있게 됐다.

배고픈 사람은 큰 꿈을 꿀 수 없다. 사업을 시작하면서 돈을 벌지 못하면 꿈도 포기할 수밖에 없다는 사실을 온몸으로 깨달았다. 특히 나처럼 남들과 다른 일을 하고 싶은 사람이라면 현실적인 문제 때문에 좌절부터 하게 될지도 모른다.

꿈을 좇는 게 막막하고 불안하더라도 성급하게 포기하지 말기를 바란다. 냉혹한 현실에 발을 딛고, 꿈의 영역을 최대한 벗어나지 않은 선에서 안정적인 수입을 만들기 위해 먼저 고민하

자. 꿈과 현실은 얼마든지 함께 지켜낼 수 있다.

언제나 명심할 것은 자신이 정한 기한을 지키는 것이다. 나의 경우는 1년이었다. 그 기한을 넘어서도 만약 회사가 안정되지 못하면 포기하겠다고 결심했다. 덕분에 정말 목숨을 건 듯 열심히 일했다. 만약 자신이 정한 기한 안에 답을 찾지 못했다면 포기해도 괜찮다. 최선을 다한 후 다른 길에 들어서고자 포기하는 것을 비난할 사람은 아무도 없다.

나는 아직도 불안정성과 싸우고 있다. 회사를 운영하는 이상 언제나 그럴 것이다. 그렇기에 더더욱 나와 같은 고민을 하고 있는 사람들과 그 마음의 짐을 나누고 싶다. 계속해서 꿈을 좇고 싶다면, 자신의 꿈과 멀지 않은 곳에서 안정적인 수입을 만들기 위해 노력하자. 자신이 처한 현실을 최대한 직시하면서 꿈을 향해 나아가기를 바란다.

묵묵히
견딤의 가치

소중하고 귀한 카펫일수록 여러 사람이 밟게 한다는 것이다.
그럴수록 페르시아 카펫의 색이 선명해지고 무늬도 아름다워진다고 했다.

페르시아 카펫 이야기

이란의 가정집에는 집집마다 멋진 카펫이 있다. 아늑한 응접실
에 수술이 달리고 기하학적 패턴을 자랑하는 카펫이 자리하는
것이다. 마치 알라딘의 양탄자 같은 그 카펫이 바로 '페르시아
카펫'이다. 처음 이란에 관심을 갖게 됐을 때와 마찬가지로, 나
는 카펫의 일반명사가 된 이란의 페르시아 카펫에도 금세 마음
을 뺏기고 말았다.

'어쩜 저렇게 근사할까?'

볼 때마다 눈을 뗄 수가 없었다. 페르시아 카펫을 본떠 만든 각종 인테리어 제품을 수집하기도 했다.

요즘은 기계가 무엇이든지 뚝딱뚝딱 만들어내는 시대다. 3D 프린트기까지 나온 덕분에 모든 것을 쉽게 카피할 수 있다. 그래서 뭔가를 사람이 손수 만드는 행위가 비효율적인 것처럼 여겨진다.

하지만 페르시아 카펫은 그렇지 않다. 페르시아 왕국 시절인 2500년 전부터 생산된 페르시아 카펫은 일반적으로 손으로 만든 이란산 카펫을 가르킨다. 생산지에 따라 직조, 문양, 재료가 모두 다르다. 디자인이 굉장히 정교하고, 미리 만든 도안을 따라 짜는 것이 아니라 도안을 머릿속으로 그린 후 짜면서 완성하는 아주 복잡한 예술품이다. 특히 이러한 특징은 장인들에게 가문의 비밀로 전승돼온다. 오늘날 카펫 직조 장인들은 모두 정부 직속 회사에 소속돼 활동 중이다. 이란인들이 카펫에 갖는 애정과 자부심을 이해할 만하다.

물론 요즘은 페르시아 카펫의 디자인을 본떠 만든 저렴한 다국적 카펫이 전 세계에 깔렸지만, 여전히 페르시아 카펫의 위상은 드높기만 하다. 나는 자신 있게 이야기할 수 있다. 한 번이라도 페르시아 카펫을 직접 보거나, 그 위에 앉고 뒹굴며 생활해

본 사람이라면 진짜를 쉽게 구별해낼 수 있다고 말이다. 오리지널, 본질, 진짜만이 갖고 있는 그 엄청난 매력을 느낄 수 있을 것이다. 기계가 절대 따라잡지 못하는 디자인과 품질, 생명력이 전해진다.

이란 사람들에게 카펫은 그냥 단순한 인테리어 용품이 아니다. 카펫 위가 곧 집이고 생활이며, 삶 그 자체다. 내가 이란에서 살았던 써레네 집에는 바닥이 보이지 않을 정도로 곳곳에 카펫이 깔려 있었다. 주방에는 주방용 카펫, 거실에는 응접실용 카펫, 침실에는 침실용 카펫이 말이다. 다른 이란인 집도 크게 다르지 않았다.

나는 특히 이란 집 거실에 깔린 커다란 아이보리 카펫을 좋아했다. 그 카펫에는 남색 실크 실로 작은 꽃송이가 수놓여 있었다. 아이보리 카펫은 다른 카펫보다 특히 더 보드랍고 폭신폭신하게 느껴졌다. 그 위에서 가족들과 식사를 하고, 차를 마시고, 손님을 맞았기 때문에 그랬을 것이다. 힘든 일이 있을 때는 그 위에서 울기도 했고, 이란의 가족들이 나를 위해 간절하게 기도했던 곳도 바로 그곳이었다. 내 이란 생활이 고스란히 그 카펫 위에 있었다. 아늑한 이란 집을 떠올리면 그 카펫의 무늬와 촉감이 떠오른다.

카펫 위의 역사

이란의 설날인 '노루즈'에는 집집마다 대청소를 한다. 그것을
'쿠네 테쿠니(집을 흔들다)'라고 하는데, 그때 집 안의 모든 카펫
을 정성 들여 세탁한다. 이란을 떠나오기 전 맞았던 마지막 설
날, 나는 카펫을 세탁하는 이란 어머니 옆에 앉아 재잘거리고 있
었다. 어머니가 물었다.

"비터, 이 카펫이 몇 살이나 됐는지 아니?"

빛깔이 온전하고 무늬가 선명한 데다 헤진 곳이 한 군데도 없
었기 때문에 대략 헤아려 대답했다.

"한 5년쯤 됐을 것 같아요."

"하하하, 아냐. 이 카펫은 싸머랑 동갑이야. 싸머가 태어난 기념
으로 산 것이거든. 그 위에서 실컷 뛰어놀고 무럭무럭 자라라고."

써레네 집 막내딸 싸머는 당시 17살 소녀였다. 무려 17년이
나 된 카펫이라니! 그 이야기를 듣자 가슴 한 곳이 저릿해졌다.
그날, 집 안 모든 카펫의 역사를 들었다. 심지어 주방에 깔린 카
펫은 이란 어머니가 시집올 때 혼수로 가져온 거라고 했다.

"저 위에서 가족을 위해 매일 요리했지. 남편을 먹여 출근시
키고, 아이들을 먹여 키웠어."

집에 깔린 카펫 하나하나가 가족 모두의 살아 있는 역사이자

삶이었다. 나는 그날 이후로 집에 깔린 카펫을 더욱 조심스레 밟았다. 그리고 언젠가 나도 꼭 나만의 페르시아 카펫을 갖겠다고 다짐했다. 그 이후 시간이 날 때마다 카펫 여행을 떠났다.

밟힐수록 선명해지는 것

실크 카펫으로 유명한 도시 '곰'으로 주원과 여행을 떠났을 때였다. 카펫 상점이 모여 있는 시장을 주로 구경했다. 카펫의 가격은 엄청나게 비쌌다. 아주 조그만 사이즈의 침실용 카펫도 500달러에서 1000달러를 호가했다. 카펫 아래쪽에는 카펫을 만든 장인의 이름이 수놓아져 있었다. 그 장인의 이름이 곧 브랜드가 된다. 어떤 카펫은 짜는 데만 꼬박 몇 년이 걸린다고 했다. 할머니와 소녀가 함께 짜다가 그 소녀가 결혼하고, 아이도 낳는다고 했다. 카펫을 짜는 사람에게도 카펫은 인생 그 자체였다. 카펫을 짜며 삶을 이어가다니! 카펫 구경은 마치 박물관 구경 같았다.

여기저기 돌아다니다 신기한 광경을 보게 됐다. 카펫을 쌓아두고, 바닥에 하나씩 카펫을 내동댕이치는 것이었다.

'아니, 이 비싸고 예쁜 카펫을 왜 바닥에다…. 아까운 카펫 다 버리겠네.'

이 사람 저 사람 발에 밟혀 하얗고 빨갛게 고운 카펫에 검댕이 묻어 회색이 됐다. 카펫을 빨면 구정물이 나올 것 같았다.

하지만 쓸데없는 걱정이었다. 페르시아 카펫과 함께 내려오는 특이한 관습이 있었다. 소중하고 귀한 카펫일수록 여러 사람이 밟게 한다는 것이었다. 그럴수록 페르시아 카펫의 색이 선명해지고 무늬도 아름다워진다고 했다. 그래서 페르시아 카펫은 소모품이 아니라 오래도록 빛을 발하는 진정한 명품이라고 카펫 가게의 하얀 수염 할아버지가 말했다.

그 이야기는 내게 큰 영감을 줬다. 불행의 아이콘이라는 별명처럼, 내 이란 생활은 한 번도 쉬운 적이 없었다. 비자를 제때 발급해주지 않아 매 학기 마음을 졸여야 했다. 또 기숙사 방을 내주지 않아 통학하느라 매일 4시간 정도를 길에서 보내야 했다. 어느 날은 옷을 제대로 입고 오지 않았다며 학교 정문 앞에서 나를 집으로 돌려보내기도 했다. 다른 외국인들은 한 번도 겪은 적 없는 일이었다.

하지만 페르시아 카펫 이야기를 들은 이후로는 힘든 순간마다 나도 페르시아 카펫과 같다고 생각했다. 아직은 담금질을 하는 시기라고, 그렇게 밟히고 내동댕이쳐지다 보면 언젠가 더 선명하고 아름다운 카펫이 될 것이라고 말이다. 그렇게 믿으면 놀라울 만큼 마음이 평온해졌다. 혼자만의 위안일 뿐이었지만 페르시아 카펫이 주는 힘은 지친 순간을 극복하는 소중한 주문이 돼줬다.

페르시아 카펫의 힘은 여전히 유효하다. "그거 해서 먹고살 수 있겠니?" 하며 잘 모르는 사람들이 나의 일과 회사를 함부로 이야기할 때, 스스로 불안함에 휩싸여 미래를 걱정할 때 나는 나만의 페르시아 카펫 주문을 왼다. 나는 더 선명해지기 위해 열심히 밟히고 있는 중이라고, 묵묵히 견디면 결국엔 오랫동안 빛을 발하는 멋진 페르시아 카펫이 될 수 있을 거라고 말이다.

이 주문과 함께 유학 생활을 견디고 창업하며 나는 조금씩 강해졌다. 물론 나라는 페르시아 카펫은 아직 완성되지 않았다. 하지만 나는 믿고 있다. 지금 이 순간에도 조금씩 내 색과 무늬가 아름다워지고 있음을.

나는 밟히는 것이 더 이상 두렵지 않다.

하고 싶은 일을
하는 용기

아무도 가지 않은 길을 처음 걷는 사람의 특권이 있었다.
내가 밟는 대로 길이 생긴다는 것이다.

정체성 찾기

나는 현재 이란아토즈라는 회사의 대표다. 사람들은 나를 대표
정제희, 통역사 정제희, 번역가 정제희라고 부른다. 어학원인 쌀
럼 이란어에서 강의할 때는 정제희 선생님이라고도 불린다.

통역사는 굉장히 화려해 보이는 직업이다. 근사한 호텔이나
회의실에서 일하고, 예쁜 옷을 차려입고 외국어로 일하는 모습
은 꽤 멋져 보이니까 말이다. 하지만 화려한 모습 뒤 실상은 전

혀 근사하지 않다. 매일 공부를 하고 업무 기일을 맞추기 위해 밤을 새우기 일쑤다. 다양한 분야를 통역해야 하니 업무에서 활용할 내용을 미리 숙지해야 하는 까닭이다. 단어 하나하나의 의미에 집착하는 나는 밤을 새워 공부하며 일하는 데 익숙해졌다. 그렇게 매일 밤 공부하고 열심히 준비하지만 막상 일을 마치고 나면 찝찝한 기분에 사로잡힌다. 최선을 다해 일하더라도 아주 작은 실수라도 하는 날엔 자책하고 또 자책하게 된다. '아! 더 잘할 수 있었는데' 하며 괴로움으로 머리를 쥐어뜯고 다시 공부에 매달린다. 이런 패턴으로 지난 몇 년을 살았다. 주변 다른 통역사의 이야기를 들어봐도 마찬가지인 걸 보면, 통역사의 숙명인 듯하다.

회사 대표라는 직함도 그렇다. 회사를 만들기 전과 후 내 생활은 실상 달라진 게 없다. 굳이 바뀐 점이 있다면 딱 하나다. 예전에는 스스로만 괴롭히면 그만이었는데, 이제는 같이 일하는 동료들마저 괴롭히게 됐다는 것이다. 언어는 완전히 '마스터'한다는 개념이 없는 분야다. 그러므로 끊임없이 공부해야 한다. 함께 일하는 사람들의 수준이 곧 우리 회사의 수준이기에 직원들이 꾸준히 공부하고 있는지 확인하는 최악의 대표가 됐다.

이란아토즈의 업무는 다른 기업과 함께 진행하는 경우가 많아서 늘 긴장하게 된다. 사소한 실수라도 큰 대가를 치를 수 있기 때문이다. 프로젝트에 드는 비용이 큰 까닭에 부담감이나 압박감도 크다. 가끔은 회사 대표로서 다른 회사 담당자와 피 터지게 싸우기도 한다. 궂은일은 모두 대표의 몫이니까 말이다.

이런 일의 균형을 잡아주는 것이 어학원 강의다. 우리 학원을 찾아오는 다양한 수강생들은 나에게 고객이 아니다. 수강생들과는 이란어를 매개로 여러 가지 대화를 하는데, 그러다 보면 함께 공부하는 친구가 되곤 한다. 어떤 학생은 그동안 배울 수 없던 이란어를 전문적으로 가르쳐주는 학원이 생겨서 고맙다는 인사를 불쑥 전하기도 한다. 참 고마운 일이다. 어학원에서 맺는 인간적인 관계가 이란아토즈 업무와 균형을 잡을 수 있도록 도와준다.

좋아서 하는 일

통역사, 번역가, 대표, 선생님…. 내가 좋아서 시작한 일들이 지금의 나를 정의한다. 나는 아직도 하루하루가 신기하기만 하다. 좋아하는 일을 하면서 살고 있고, 좋아하는 일을 하기 위해 만든 회사는 조금씩 꾸준히 성장하고 있기 때문이다.

처음 회사를 만든다고 했을 때 주변에서 걱정을 많이 들었다.

"이란어 하나 갖고 언제까지 버틸 수 있겠어?" 그런 말에 감정과 의지가 전복된 적 없다면 거짓말일 것이다. 아버지는 요즘도 더 늦기 전에 안정적인 직업을 찾으라고 조언한다.

'두고 봐. 견디고 말 거니까.'

청개구리인 나는 그럴수록 더 오기가 생긴다. 그리고 견디는 과정에서 오기보다 더 큰 어떤 믿음과 확신이 생겼다.

"이란어 전문 통역사가 있는 줄 몰랐어요. 일 잘해줘서 고마 워요. 또 연락드릴게요."

"이란어를 배울 수 있어서 정말 좋아요."

한 번 우리와 일했던 파트너 기업은 계속해서 우리를 찾아왔 다. 수강생들은 오히려 우리에게 감사의 인사를 전했다. 이제 오 기보다는 정성과 마음을 다해 '오리진origin'이 돼보자는 꿈이 생 겼다.

스스로 롤모델이 되다

나라고 처음에 왜 막막하지 않았을까? 처음 한국과 이란의 가교 가 되겠다는 꿈을 꿨을 때 나도 남들처럼 롤모델을 찾아보려고 했다. 하지만 우리나라에서 이란 관련 시장은 척박하기만 했고,

이를 전문으로 파고드는 사람도 없었다. 말하자면 롤모델이 전혀 없는 분야였던 것이다.

롤모델이 없다는 말은 시장성이 없다는 말과 동의어였다. 돈이 되지 않아서, 위험해서, 찾는 사람이 없어서 아무도 하지 않는 분야였다. 그런 분야에 뛰어들려던 나를 수많은 사람이 말렸다. 하지만 나는 하고 싶은 일을 포기할 수 없었다. 아무것도 모르는 채 회사를 차릴 수는 없으니 최대한 비슷한 회사들을 열심히 찾아다니며 발품을 팔았다.

그러나 정확히 내가 가고자 하는 길을 걸었던 사람은 만날 수 없었다. 그만큼 이란어 사업은 특수한 분야였다. 나는 그 특수함을 인정하기로 했다. 더는 롤모델을 찾지 말자고, 깨지고 부서지더라도 나는 나의 길을 가야겠다고 이를 꽉 물었다. 항상 한 치 앞이 보이지 않는 길을 걷는 기분이었다. 회사 시스템을 만드는 일부터 규모를 키우는 일까지 모두 혼자 결정하고 혼자 헤쳐가야 했다.

이와 반대로 아무도 가지 않은 길을 처음 걷는 사람의 특권이 있었다. 내가 밟는 대로 길이 생긴다는 것이다. 우리가 처음 만들었던 이란어 학원 쌀럼 이란어 외에 또 다른 이란어 학원이 생겼을 때 복잡한 감정이 들었다. '아, 힘든 길에 들어오셨구나' 하고 걱정이 되는 한편, 우리가 잘하고 있다는 반증인 것처럼 느껴졌다. 우리는 진심으로 새로운 어학원의 번영을 기원했다.

혹자는 안 그래도 좁은 시장에 경쟁자가 생겼다고 여길 수 있다. 하지만 나는 그렇게 생각하지 않는다. 이란어 관련 학원이 많이 생겨야 우리 학원도 더욱 잘될 거라고 믿는다.

나는 이란어 관련 시장을 더 확고히 만들어 파이를 키우고 싶다. 쌀럼 이란어가 자리 잡은 지 1년이 지났고, 이란아토즈도 시장에서 제 몫을 톡톡히 해내고 있다. 이제 사람들은 더 이상 이란어 통역 회사가 우리나라에 있냐고 혹은 이란어 학원이 있냐고 묻지 않는다. '이란어'라고 하면 이란아토즈, 쌀럼 이란어라는 시장의 공식이 생겼기 때문이다. 다시 생각해도 정말 기적 같은 일이다! 지나온 시간들이 꿈만 같다.

행복의 조건

사실 여전히 미래는 불안하다. 우리 일은 경기를 많이 타고 기복이 크다. 국제적인 문제가 하나만 생겨도 당장 일이 끊길 것을 각오해야 한다. 학원 수강생이 갑자기 확 줄어들 때도 있다.

그렇다고 예전처럼 불안함이 날 완전히 뒤덮지는 않는다. 회사는 제법 안정 궤도에 올라 꾸준히 일하고 있다. 일이 줄더라도 한국과 이란이 계속해서 관계를 맺는 한 언젠가는 일이 들어올 것이라는 믿음도 있다. 어학원 역시 수강생이 줄어들 때는 있어도, 아예 없어 폐강이 되는 일은 없게 됐다.

무엇보다, 낯선 길을 가장 먼저 걷는 사람은 불안함을 즐기지 않으면 안 된다는 교훈을 지난 3년간 배웠다. 이제 나는 두렵지 않다. 나는 아직 이 길의 끝까지 가보지 못했다. 지금도 계속 내 시야를 막는 덤불을 헤치며 앞으로 나아갈 뿐이다.

모르는 사람이 나를 알고 있을 때, 강연을 갈 때, 혹은 낯선 이로부터 응원 편지나 메시지를 받을 때 정말 얼떨떨하다. 나는 너무나도 평범한 사람이라는 걸 스스로가 잘 알고 있기 때문이다. 내가 남들과 조금 다른 점이 있다면 하고 싶은 공부를 묵묵히 했고, 하고 싶은 일을 내 방식대로 해왔다는 것밖에 없다.

최근 한 인터뷰에서 한 줄로 나를 설명해달라는 요청을 받았다. 오랜 고민 끝에 이렇게 답했다.

"안녕하세요. 우리나라에 하나뿐인 여자, 정제희입니다!"

어렸을 때 사랑했던 애니메이션 영화 〈알라딘〉 속 자스민 공주처럼 내가 하고 싶은 일에 도전하며 사는 지금, 나는 행복하다고 말할 수 있다.

KI신서 7852

하고 싶은 일 하면서 살면 왜 안돼요?

1판 1쇄 인쇄 2018년 10월 17일
1판 1쇄 발행 2018년 10월 29일

지은이 정제희
펴낸이 김영곤 박선영
펴낸곳 (주)북이십일 21세기북스
출판사업본부장 정지은
실용출판팀 김수연 이지연 남연정 장인서 이보람
디자인 윤지은
마케팅본부장 이은정
마케팅1팀 최성환 나은경 송치헌
마케팅2팀 배상현 신혜진 조인선
마케팅3팀 한충희 김수현 최명열
홍보기획팀 이혜연 최수아 박혜림 문소라 전효은 염진아 김선아
제작팀 이영민

출판등록 2000년 5월 6일 제406-2003-061호
주소 (10881) 경기도 파주시 회동길 201 (문발동)
대표전화 031-955-2100 **팩스** 031-955-2151 **이메일** book21@book21.co.kr

(주)북이십일 경계를 허무는 콘텐츠 리더

21세기북스 채널에서 도서 정보와 다양한 영상자료, 이벤트를 만나세요!
장강명, 요조가 진행하는 팟캐스트 말랑한 책 수다 〈책, 이게 뭐라고〉
페이스북 facebook.com/jiinpill21   **블로그** b.book21.com
인스타그램 instagram.com/jiinpill21   **홈페이지** www.book21.com